U0112082

大展好書　好書大展
品嘗好書　冠群可期

大展好書　好書大展
品嘗好書　冠群可期

運動精進叢書 6

網球技巧圖解

宋　強　編著

大展出版社有限公司

目 錄

基 礎 篇

準 備 篇

技 術 篇

戰 術 篇

規 則 篇

基礎篇

（一）網球場上的基本行為規範

對喜歡打網球的人來說，網球場是一塊充滿挑戰和樂趣的寶地，藍天白雲、明媚的陽光、新鮮的空氣、涔涔的汗水、悅目的場地、文明的交往，打網球為無數陌生的朋友搭起了一座座友誼的橋梁，而綠色的小球則愉快地充當著交流的使者。網球場是競技場，總會有激烈的爭鬥與拼殺在此上演，但同時人們卻也可以從中感受到另外一種安詳與和諧，它們源於球員與觀眾所具備的良好的行為素養，源於所有參與者發自心底的友善態度。

「尊重網球場上的一切人與物」，這是打網球者最起碼的行為準則，它包括尊重對手、觀眾、工作人員、服務人員，包括尊重球網、網柱、球拍、球等等。球員品行的優劣是烘托球場氣氛的一個因素，也是球員個人形象的一個重要組成部分，如果球員行為粗魯、不懂得尊重他人、他物，那麼再高明的球技也不會帶給他完美無形的贊譽。

網球初學者可以拿下面一些小事來對照自己，它們並不能成為衡量球員品行修養高低的標準，但卻可以在細節上幫助初學者儘快地融入網球場獨有的氣氛當中去。

當你的球滾入鄰場而鄰場的球員正在練球之中，此時你若貿然入場撿球，顯然是非常不禮貌也是很不安全的，可以稍等一下待其結束擊球後再快步入場撿球，或請其幫忙將球傳出來。

當球場有球員正在進行比賽時，其他人不可以進入比賽場區內撿球，並且也要盡量避免在球員視線範圍內隨意走

動，否則不僅不禮貌，而且還會被認為是「意外阻礙」而影響比賽的正常進行。如果一定要穿越球場，可先站在一邊觀看，等球成「死球」後再從場邊快步通過。

練球時當你擊球出界或還擊下網，你的練習伙伴因此也就損失了一次繼續練球的機會，儘管你不是有意如此，但也應該向對方說聲「對不起」。細心的朋友會發現「謝謝」和「對不起」是網球場上使用頻率最高的兩個詞。

要發球時最好先看一看對方是否已做好了接球的準備，不要連看都不看一眼就把球發出去完事大吉，如果在練球時這樣做，會被認為是對對方的不尊重，也極有可能導致「誤擊事件」的發生，如果在正式比賽中則可能要被判發球無效、重發球。

練球時應主動承擔起為對方司線的責任，告訴對方他打過來的球是「In」、「Out」，還是壓線。

球網忠心耿耿地為雙方做著「分界員」，所以，盡量不要從它上面一跨而過，或者將身體壓在其上面去撿對面場地上的球，否則網繩很容易因經不住壓力而斷掉。

球拍是打球人最親密的伙伴，拿它當架子或坐墊坐，拿它當出氣筒亂扔、亂拍別的東西，這都有欠修養，而且一旦令它受傷，沒準就會妨礙到練球和比賽，理智多一點兒問題也就會少一點兒。

進入網球場一般不允許穿硬底鞋、皮鞋、釘鞋等有損球場表面平整的鞋，鞋底的質地、顏色也以不致在場地表面留下痕跡為宜，赤腳或赤腳穿鞋入場打球是被認為有失雅觀的。

裁判員與球員之間有時會因界內界外的問題發生分歧，

這時候球員應盡量保持情緒上的穩定，如有球印的話可向裁判指出，沒有的話則服從裁判，而裁判所要做的是尊重球員的汗水和努力，最大限度認真地裁決每一個球，避免錯判、漏判的發生。

裁判員不僅是場上的執法官，也在一定程度上控制著比賽進行的節奏和氣氛。比如在適當的時候他（她）會請觀眾坐好（「Seat quickly please」），會提醒觀眾不要用閃光燈拍照（「No flash photography please」），也會請觀眾注意其他事項，如請尊重雙方選手（「As a courtesy to both players ……」）等等。作為觀眾應留意到裁判員的提示，以免不小心影響比賽的進行。

觀看比賽時應盡量避免攜帶能發出鳴叫聲音的物品或關掉其聲音。從球員開始準備發球到一分結束，觀眾在此過程中最好不要隨意交談、吃東西、叫好、喝彩、鼓掌，否則不僅不禮貌，甚至還會影響比賽的順利進行。

球員應尊重觀眾，而觀眾也應尊重球員，應給雙方球員以平等的支持和鼓勵，如因心理上對某一方球員有所偏好，而做出一些對另一方不利的事情，如喝倒彩等等，這就顯得有些不夠寬容和大度了。

球員參加比賽時，在賽前練球熱身過程中，應把對方視為與己同等的參與者，並有義務為對方的練習提供幫助，任何有意妨礙對方練習的做法，都是有失風度的。

我們再來看一看職業比賽對球員的行為都有哪些基本的規範。

每個選手出現在賽場上時，都必須穿著潔淨、整齊、符合習慣及要求的網球服裝。正規比賽中男子應著半袖上衣及

短褲，女子應著中袖或無袖上衣及短裙或連衣短裙，特殊情況除外。長袖衫、體操服、時裝、無領汗衫或是其他不被允許的衣飾，都不能在比賽或賽前準備活動中穿用。很長時間以來網球服裝在顏色及款式上都比較保守，近年有相當大的改觀，但不論穿什麼、怎麼穿，整潔、舒適的原則是不會變的，平時練球時也應如此。

是否「赤膊上陣」由球員自己決定，如果你認為無傷風雅也不怕曬傷皮膚，那盡可隨心所欲。

但正式比賽中絕對不允許這樣，公共球場上也最好穿戴整齊，進入某些私人球場打球則應徵求主人的意見。參加溫布登或其他草地網球比賽時球員必須穿草地網球鞋，除準備活動外，網球服及鞋襪的顏色必須以白色為主。法國公開賽上，組委會有權認定什麼樣的鞋（鞋底）不符合要求，並禁止球員穿這樣的鞋在 Roland Garros 網球場上進行比賽。雙打比賽時，同隊選手應著一致的比賽服裝出場。

大滿貫比賽中的商業色彩是無處不在的，體現在球員身上就是服裝用具上的商標，而著裝又是球員行為的一個組成部分，所以，我們來看一看關於商標的規範。

無論在比賽中還是在賽事舉辦的記者招待會或其他一些儀式上，球員的服裝、器材及各種用品上出現的標誌都需遵循以下規定：上裝的每只袖口上可以有一個商標，面積不能超過 3 平方英寸（19.5 平方公分）；胸前可以有兩個標識語，每個不能超過 2 平方英寸（13 平方公分），如果只有一個標識語，其大小不可超過 3 平方英寸；後背和衣領上不得有商標；褲子（或短褲）上可以有 2 個商標，每個不能超過 2 平方英寸，如果只有一個的話，則同樣不可超過 3 平方英

寸；帽子、發帶、護腕及每隻襪子上都可有商標，但不能有標識語，其大小不可超過 2 平方英寸。

　　參加大滿貫比賽的運動員除必須盡自己最大的努力去爭取勝利外，在賽場上還不能做任何帶有污辱性的手勢及身體動作，不能對觀眾、裁判、對手等說任何帶污辱性的語言，不能以摔、敲、踢拍子、用品等形式發洩不滿，不能有損害運動員形象的、不合運動員禮儀和身份的行為。違反上述規定的球員將被處以最高達 1 萬美金的罰款。

　　除此之外，裁判員還可依據三級判罰制對球員的不良行為進行處罰，三級判罰的程序如下：

　　球員第一次違規──警告

　　球員第二次違規──罰分

　　球員第三次違規──取消比賽資格。

　　球員參賽期間不得參加與大滿貫比賽有關的任何具有賭博性質的活動，如有違反將被處以最高達 10 萬美金的罰款或者沒收其在比賽中贏得的全部獎金。

　　朋友們透過以上的介紹了解了一些網球場上成文或不成文的「規矩」。打網球、欣賞網球比賽都是很高雅很有意思的事情，參與這項運動應該早已超出了舒筋活絡的範疇，人們不僅僅需要肌體本身的物質代謝，也需要在精神上多一些輕鬆愉快的體驗，這是要與人（不管是相熟還是陌生之人）相互交流的，而交流的方式除了口頭語言的表達外，還要有身體語言的表達，包括著裝、舉止，包括內心對待周圍事物的真實態度。但願每一個網球愛好者都能從網球場上獲得一份開心、一份愉悅、一份成就、一份滿足！

（二）兩大國際網球組織

1.國際網球聯合會（ITF）

國際網球聯合會籌建於 1911 年，總部設地倫敦。其主要職責是負責有關網球比賽的一切事務；制訂與修改網球規則；為發展中國家的網球教練開設培訓班；協調世界青年、成年和老年網球比賽。

例如，每年都要組織 100 多次青年級比賽，還組織 16 歲以下的國際男、女青年團體賽，取名「世界青年杯賽」。國際網聯負責組織世界上的兩大團體賽，即：戴維斯杯賽（男子）和聯合會杯賽（女子）；負責指導四大公開賽，即溫布登、法國、美國和澳洲（澳大利亞）的網球公開賽；負責奧林匹克網球比賽最後階段的比賽等等。

2.國際職業網球聯合會（ATP）

國際職業網球聯合會，也稱職業網球球員協會。國際職業網聯（ATP）是世界男子職業網球選手的「自治」組織機構。1972 年成立於美國公開賽之時，其主要任務是協調職業運動員和賽事之間的伙伴關係，並負責組織和管理職業選手的積分、排名、獎金分配，以及制定比賽規則和給予或取消選手的參賽資格等項工作。

20 多年來，國際職業網聯主要做了兩件大事：一是進行排名榜的改革。職業網聯負責人馬克·邁爾斯是一位經驗豐富的體育經紀人，為了提高賽事的水準，他首先改革沿用

多年的平均體系排名法。該排名法是從 1973 年開始使用的，其主要弊端是使一些優秀網球選手每年參賽的次數急劇下降。基於這點，職業網聯決定採用「最佳 14 場賽事計分體系」，以取代平均體系排名法，這就是我們現在所見到的 ATP 排名，它達到了促使球員多參賽的目的；

國際職業網聯做的第二件大事就是實施「超級巡迴賽計劃」。自從職業網聯改用新的排名法和調整了比賽日程後，職業網壇一片繁忙景象，同一時間世界各地會舉辦幾起賽事，可謂熱火朝天。可是時間一長，問題也暴露出來了。由於高級別的選手分別參加幾起賽事，他們之間的交鋒次數自然就減少了。另外，過多的比賽和排名榜的壓力使許多球員超負荷運轉，導致傷病和棄權現象的增加，致使比賽水準下降。而水準不高的比賽會降低觀眾的興趣，失去觀眾就意味著失去市場，基於這些，一個「超級巡迴賽」誕生了。這個計劃的口號是「以少促多」，即以減少賽事來提高比賽的質量。他們將原有的 11 起最高水準的賽事減至 9 起，以其為基礎組織超級巡迴賽。這些賽事的總獎金額從 60 萬至 200 萬美元不等。在選擇賽事時，職業網聯充分考慮了場地和資金、觀眾等因素，使 9 起賽事能充分展示男子職業網球的各種不同風格。

根據時間和場地劃分，它們是：塑膠地——利普頓、印第安維拉；紅泥土地——蒙特卡洛、漢堡、羅馬；硬地——多倫多、辛辛那提；室內地毯場地——斯德哥爾摩、巴黎。為了保證賽事質量，職業網聯與排名前十名的選手都簽訂了合同。合同規定這些球員必須準時出席以上賽事，不能在同一時間參加其他低級別的比賽。馬克・邁爾斯說，實施超級

巡迴賽的目標就是「讓網球運動更易於為人理解，讓更多的人喜愛網球」。每年 11 月 15 日在德國法蘭克福由 8 名世界頂尖選手參加的 ATP 世界錦標賽總決賽，以及一周後在南非約翰內斯堡舉行的 ATP 巡迴賽雙打世界錦標賽，是國際職業網聯最有影響的兩大賽事，這兩項賽事將決定誰是本年度的單打頭號種子選手和雙打頭號種子選手。

（三）世界網球大賽

1. 戴維斯杯賽

戴維斯杯即世界男子網球團體賽，發端於 1900 年，每年舉行一次，除 1901 年和 1910 年因故沒有舉行，以及第一次和第二次世界大戰期間停賽 10 年，截止 1996 年已舉辦 81 屆。第一屆比賽在美國波士頓，只有美、英兩國參加，以後逐年增多，到 1994 年已有 70 個國家和地區參加角逐，是爭執網壇牛耳的世界大賽。

「戴維斯杯」是美國青年德威特·菲利·戴維斯始創的，當時他是美國哈佛大學的學生。第一次參加美國網球比賽的激動心情，引發他創辦國際男子團體賽的慾望。在朋友們的支持下，他請施里夫·克倫普·洛和銀匠博斯頓，將金衡制 217 盎司純銀製成檸檬杯，然後鍍金，當時它的價值為 10000 英鎊。在杯的內緣刻有「國際草地網球挑戰賽，主席德威特·菲利·戴維斯，1900」的字樣。戴維斯先生隨後寫信給當時英國草地網球協會名譽秘書長梅博恩，建議舉行英國和美國之間的對抗賽。

　　此建議被採納後，便於 1900 年在美國的波士頓進行了由英國和美國參加的第一屆戴維斯杯比賽。自 1904 年開始，其他國家的草地網球協會也參加了比賽。

　　戴維斯杯原始規程規定：凡冠軍隊獲得者在次年的衛冕賽中，有以下特殊規定：①無須出征參戰。②由所有參賽隊層層鏖戰後產生的次冠軍隊，向上一年的冠軍隊挑戰，勝者才是今年的冠軍。③比賽用球及比賽地點均由衛冕國選定。所以，最引人注目的是爭奪與上一年度冠軍隊進行挑戰的資格賽──挑戰預選賽。1952 年，由於參賽隊的增多，除原美洲區和歐洲區外，又增加一個東方區，這樣就分 3 個區進行預選賽，然後由產生的次冠軍隊向上一層冠軍隊挑戰，決出今年的冠軍。1966 年，又分成美洲區、東方區、歐洲 A 區和歐洲 B 區 4 個區。

　　在 1970 年成立的競賽規則討論委員會上，較多國家認為衛冕國先坐山觀虎鬥，再借天時、地利、人和去迎戰經過長期參賽而疲憊不堪的挑戰者，坐享其成，太不合理。1972 年取消了這種不合理的制度。

　　1980 年 7 月國際網球聯合會年會上決定，戴維斯杯網球賽採用新制度，並從 1981 年開始實行。①獲得 1980 年 4 個賽區半決賽權的 16 個隊，直接爭奪 1981 年錦標。②1981 年其他的隊仍舊參加 4 個區的淘汰賽。③該 4 個區的冠軍，將於 1982 年替代 1981 年 16 個隊中最差的 4 個隊。

　　從此，戴維斯杯賽競賽制度將參賽隊分成兩大組進行，第一大組即由 16 個隊組成的世界組；第二大組即原 4 個區的區內比賽。

　　自 1988 年開始，國際網聯對戴維斯杯的比賽規則又做

了修改，把原東方區改為亞太區，又分為亞太 1 組和亞太 2 組，水準高的在 1 組，1 組上下半區各出線一個隊，把原美洲區也分為 1 組和 2 組，把原歐洲 A 區、歐洲 B 區，改為歐非區 1 組，其中仍分為 A 區和 B 區，每區的前兩名出線參加世界組的資格賽。又增設了非洲區 2 組和歐洲區 2 組，所有區的 2 組都是該區水準較低的。這樣，亞太區 1 組、美

表 1　獲戴維斯杯冠亞軍國家統計表

國　　名	冠　　軍	亞　　軍
美　國	33	22
澳　洲	20	12
英　國	9	8
法　國	4	7
義大利	1	5
瑞　典	5	4
前聯邦德國	2	2
捷克斯洛伐克	1	1
比利時		1
瑞　士		1
日　本		1
羅馬尼亞		3
西班牙		1
印　度		3
南　非	1	
俄羅斯		1
智　利		1
阿根廷		1

洲區 1 組和歐洲區 1 組的 A 區和 B 區各出線 2 個隊，共 8 個隊，進行世界組的預選賽，同當年世界組 16 個隊中第一輪被淘汰的 8 個隊抽簽對陣，捉對廝殺，勝者升到第二年世界組，成為 16 強爭奪戴維斯杯，負者回到各區的 1 組，第二年再戰。

戴維斯杯比賽採用 4 單 1 雙、5 場 3 勝制。比賽分 3 天進行，第一天兩場單打，第二天 1 場雙打，第三天兩場單打。第一天和第二天的比賽採用五盤三勝制，第三天的比賽採用三盤兩勝制。

戴維斯杯比賽地點選擇類似主、客場制，即兩隊首次交鋒，由抽簽決定在哪個國家比賽，如以後再相遇則改在另一個國家比賽。到 1994 年為止，各國獲戴維斯杯冠亞軍次數見表 1。

2. 聯合會杯賽

聯合會杯即世界女子網球團體賽，起始於 1963 年，每年舉辦一次。首屆比賽有 16 個國家參加，1994 年的第 32 屆比賽，已有近 60 個國家和地區報名，是檢閱女子網壇實力的世界大賽。

1938 年，澳洲女隊隊長內爾‧霍普曼和男隊教練的妻子哈里‧霍普曼共同倡議舉行女子團體賽。後來經過一位與美國人結婚的英國人「懷特曼杯賽」的參賽者瑪麗‧哈德威克‧墨爾四處遊說，並向國際網聯提出舉辦國際女子團體賽的建議。她的建議有無可反駁的事實根據，那就是女子網球運動發展到如此廣泛的程度，是考慮舉辦女子網球團體賽的時候了。1962 年在巴黎舉行的國際網聯年會上這個建議才

得以通過，並定於在國際網聯成立 50 周年的 1963 年舉行第一屆聯合會杯比賽。第一屆聯合會杯賽在英國倫敦的女子俱樂部進行，共有 16 支代表隊參加，最後美國隊戰勝澳大利亞隊而奪冠。

聯合會杯的比賽方法是這樣的，參賽各國匯集於主辦國，在一周之內決出當年的優勝者。每次比賽採用兩場單打和一場雙打三戰兩勝制。隨著女子網球運動的不斷發展，參加聯合會杯比賽的隊也越來越多，1995 年已有 83 個隊參加聯合會杯比賽。因此，破除舊賽制勢在必行。

1995 年聯合會杯採用了最新賽制，其辦法是這樣的：由 1994 年聯合會杯賽 1／4 決賽中的 8 個隊組成世界組；其餘 8 個隊組成 A 組。世界組中第一輪獲勝的 4 個隊進入半決賽，第一輪失敗的 4 個隊與 A 組中獲勝的 4 個隊進行比

表 2　獲聯合會杯冠亞軍統計表

國　　名	冠　　軍	亞　　軍
美　國	14	7
澳　洲	7	10
捷克斯洛伐克	5	1
西班牙	3	2
南　非	1	1
德　國	1	
前聯邦德國	1	4
前蘇聯		2
英　國		4
荷　蘭		1

賽，比賽獲勝的 4 個隊進入 1996 年世界組，失敗的 4 個隊作為 1996 年 A 組成員。A 組中第一輪失敗的 4 個隊同各區中獲勝的隊進行比賽，勝者進入 1996 年 A 組，失敗的 4 個隊回各區參加 1996 年比賽。

區的劃分是這樣的：歐洲、非洲區共有 33 個隊，進 A 組名額為 2；亞洲、東南亞區共有 15 個隊，進 A 組名額為 1；美洲區有 19 個隊，進 A 組名額為 1。在 32 屆聯合會杯賽中，誰得冠軍最多請看表 2。

3.「大滿貫」

網球選手在一年中先後獲得澳洲網球公開賽、法國網球公開賽、溫布登網球錦標賽和美國網球公開賽四大公開賽冠軍者，即是大滿貫獲得者。1938 年美國運動員唐·巴基包攬了四大公開賽的冠軍，成為網球史上第一個大滿貫獲得者。獲得大滿貫較多的選手有澳洲的洛德·拉佛爾，他先後於 1962 年和 1969 年兩次獲得這一殊榮；當代網壇女皇格拉芙共 18 次獲得這一稱號。

大滿貫之一──溫布登網球公開賽

溫布登網球錦標賽也稱「全英草地網球錦標賽，創辦於 1877 年 7 月，是現代網球史上最早舉辦的比賽。每年 6 月底至 7 月初舉行比賽。這項網球賽初創時只有男子單打一個項目，1879 年增設男子雙打，1884 年始有女子單打，以後又增加了女子雙打，到 1913 年又最後增設了男女混合雙打。溫布登網球錦標賽初始只限英國人參加，1901 年起允許英聯邦各國派代表參加比賽，從 1905 年開始擴大為國際性的

表3　溫布登網球公開賽歷年單打冠軍（1980年起）

年　　份	男單冠軍	女單冠軍
2002	休伊特	塞雷納・威廉姆斯
2001	伊萬尼塞維奇	塞雷納・威廉姆斯
2000	彼得・桑普拉斯	塞雷納・威廉姆斯
1999	彼得・桑普拉斯	達文波特
1998	彼得・桑普拉斯	簡・諾沃特娜
1997	彼得・桑普拉斯	馬丁娜・辛吉斯
1996	理查・克拉吉塞克	賽提菲・格拉芙
1995	彼得・桑普拉斯	賽提菲・格拉芙
1994	彼得・桑普拉斯	科查特・馬丁內茲
1993	彼得・桑普拉斯	賽提菲・格拉芙
1992	安德魯・阿加西	賽提菲・格拉芙
1991	邁克・斯蒂奇	賽提菲・格拉芙
1990	斯蒂凡・埃德博格	馬丁娜・娜芙拉蒂諾娜
1989	博雷斯・貝克爾	賽提菲・格拉芙
1988	斯蒂凡・埃德博格	賽提菲・格拉芙
1987	帕特・卡奇	馬丁娜・娜芙拉蒂諾娜
1986	博雷斯・貝克爾	馬丁娜・娜芙拉蒂諾娜
1985	博雷斯・貝克爾	馬丁娜・娜芙拉蒂諾娜
1984	約翰・麥肯羅	馬丁娜・娜芙拉蒂諾娜
1983	約翰・麥肯羅	馬丁娜・娜芙拉蒂諾娜
1982	吉米・康維斯	馬丁娜・娜芙拉蒂諾娜
1981	約翰・麥肯羅	克理斯・艾芙特・勞埃德
1980	比約思・博格	艾凡恩・古勞功・卡維里

球賽。

溫布登是英國的一個城市，全市擁有 18 個草地、9 個硬地和 2 個室內網球場，其中最大的中央球場可容納 15000 名觀眾，是世界最漂亮的草地網球場。在這裡，每年有 300 多名選手角逐 5 個項目的冠軍。隨著商業化進程，溫布登網球賽所設的獎金也在逐年增高。如 1990 年大賽的總獎金達到 387 萬多英鎊。獲男單冠軍可得 23 萬英鎊，獲女單冠軍可得 20.7 萬英磅。歷年單打冠軍，見表 3。

大滿貫之二——美國網球公開賽

美國網球公開賽，其歷史僅次於溫布登網球錦標賽，它始創於 1881 年。美國公開賽的首屆比賽，是於 1881 年在羅得島新港舉行，當時只是國內賽事，而且只有男子單打。以後每年一屆。女子比賽始於 1887 年。每年的 8 月底至 9 月初，在美國紐約舉行比賽。1968 年被列為四大公開賽之一，設有 5 個單項的比賽，是每年四大公開賽中最後舉行的大賽。美國網球公開賽在「四大網球賽」中，以獎金最多而聞名，獎金總額高達 600 多萬美元。

據世界網球雜誌統計，1989 年美國網球公開賽涉及的金錢往來總額達 1 億美元。在球員獎金方面，男、女單打冠軍均能得到 35 萬美元的獎勵。由於美國網球賽的地位和高額獎金，以及中速硬地場地，吸引了眾多好手參加。美國公開賽的影響雖比不上溫布登，卻高於澳洲，甚至法國公開賽。歷年單打冠軍見表 4。

表4　美國網球公開賽歷年單打冠軍（1980年起）

年　份	男單冠軍	女單冠軍
2002	桑普拉斯	小威廉姆斯
2001	休伊特	大威廉姆斯
2000	薩　芬	大威廉姆斯
1999	阿加西	小威廉姆斯
1998	拉夫特	達文波特
1997	拉夫特	辛吉斯
1996	桑普拉斯	格拉芙
1995	桑普拉斯	格拉芙
1994	阿加西	桑切斯
1993	桑普拉斯	格拉芙
1992	桑普拉斯	塞萊斯
1991	埃德博格	塞萊斯
1990	桑普拉斯	薩巴蒂尼
1989	貝克爾	格拉芙
1988	維蘭德爾	格拉芙
1987	倫德爾	納芙拉蒂娜娃
1986	倫德爾	納芙拉蒂娜娃
1985	倫德爾	瑪蒂科娃
1984	麥肯羅	納芙拉蒂娜娃
1983	康納斯	納芙拉蒂娜娃
1982	康納斯	蘇埃德
1981	麥肯羅	奧斯汀
1980	麥肯羅	蘇埃德

基礎篇

大滿貫之三——法國網球公開賽

　　法國網球公開賽始創於 1891 年，比溫布登網球錦標賽晚 14 年，通常在每年的 5 月至 6 月舉行。法國網球公開賽開始只限於本國人參加，1925 年以後對外開放，成為公開賽。法國網球公開賽的場地設在巴黎西部的羅蘭‧卡羅斯的大型體育場內，這座體育場建於 1927 年，以在一次大戰中為國捐軀的空中英雄羅蘭‧卡羅斯的名字命名。同時，比賽也是法國網球黃金時期的象徵，因為它是直接為慶祝被稱為「四騎士」的 4 名法國人首次捧回戴維斯杯，準備翌年的衛冕戰而特意修建的。它的建築古典優雅，別具一格，在一叢叢栗樹枝葉掩映下，令人心曠神怡。

　　獲得這個公開賽桂冠的選手，與溫布登賽冠軍一樣名震世界。羅蘭‧卡羅斯球場屬慢速紅土球場，每場比賽採用 5 盤 3 勝淘汰制，所以一場比賽打上 4 個小時是習以為常的，因此，要獲取優勝是不易的，球員要有超人的技術和驚人的毅力。歷年單打冠軍見表 5。

大滿貫之四———澳洲網球公開賽

　　澳洲網球公開賽始創於 1905 年，是四大公開賽中最遲創建的賽事，但是每年卻最早開賽，於 1 月底至 2 月初在墨爾本舉行。男子始於 1905 年，女子始於 1922 年，剛開始是使用草地網球場，到 1988 年才改為硬地網球場。1968 年，國際網球職業化後它被列為四大公開賽之一。打法全面的選手在硬地上比賽最占優勢。但是，墨爾本酷熱氣候使球員體力消耗大，發揮不穩定，影響比賽的圓滿結束。歷年單打冠軍表 6。

表 5　法國網球公開賽歷年單打冠軍（1980 年起）

年　份	男單冠軍	女單冠軍
2003	費雷羅	海寧
2002	科斯塔	塞雷納・威廉姆斯
2001	庫爾滕	卡普里亞蒂
2000	庫爾滕	皮爾斯
1999	安德魯・阿加西	格拉芙
1998	莫亞	桑切斯
1997	庫爾滕	瑪約莉
1996	卡費爾尼科夫	格拉芙
1995	穆斯特爾	格拉芙
1994	布魯格拉	桑切斯
1993	布魯格拉	格拉芙
1992	考瑞爾	塞萊斯（M.Seles）
1991	考瑞爾	塞萊斯（M.Seles）
1990	高曼茲	塞萊斯（M.Seles）
1989	張德培	桑切斯
1988	維蘭德爾	格拉芙
1987	倫德爾	格拉夫（S.Graf）
1986	倫德爾	艾芙特
1985	維蘭德爾	艾芙特
1984	倫德爾	娜芙拉蒂沃娃
1983	諾亞	艾芙特
1982	維蘭德爾	娜芙拉蒂沃娃
1981	博格	曼陀科娃
1980	博格	艾芙特

基礎篇

表6 澳洲網球公開賽歷年單打冠軍（1980 年起）

年　份	男單冠軍	女單冠軍
2003	阿加西	小威廉姆斯
2002	約翰森	卡普里亞蒂
2001	阿加西	卡普里亞蒂
2000	阿加西	達文波特
1999	卡費尼科夫	辛吉斯（M.Hingis）
1998	科達（P.Kordar）	辛吉斯（M.Hingis）
1997	桑普拉斯（P.Sampras）	辛吉斯（M.Hingis）
1996	貝克爾（B.Becker）	塞萊斯（M.Seles）
1995	阿加西（A.Agaiss）	皮爾斯（M.Pierce）
1994	桑普拉斯（P.Sampras）	格拉芙（S.Graf）
1993	古利亞（J.Courier）	塞萊斯（M.Seles）
1992	古利亞（J.Courier）	塞萊斯（M.Seles）
1991	貝克爾（B.Becker）	塞萊斯（M.Seles）
1990	倫德爾（L.Lendll）	格拉芙（S.Graf）
1989	倫德爾（L.Lendll）	格拉芙（S.Graf）
1988	維蘭德爾（W.Wilander）	格拉芙（S.Graf）
1987	埃德博格（W.Edberg）	瑪蒂科娃（H.Mandikova）
1986	沒開賽	沒開賽
1985	埃德博格（W.Edberg）	納芙拉蒂娜娃（M.Navratilova）
1984	維蘭德爾（W.Wilander）	艾維特（C.Evert）
1983	維蘭德爾（W.Wilander）	納芙拉蒂娜娃（M.Navratilova）
1982	科里克（J.Kriek）	艾維特（C.Evert）
1981	科里克（J.Kriek）	納芙拉蒂娜娃（M.Navratilova）
1980	提切爾（B.Teacher）	瑪蒂科娃（H.Mandikova）

4.奧林匹克運動會網球賽

首屆現代奧運會在 1896 年希臘的雅典舉行。網球是當時奧運會所舉行的八大比賽項目之一，也是唯一的球類比賽項目。這次比賽只有男選手參賽，項目有單打和雙打。

1900 年第 2 屆現代奧運會在法國巴黎舉行。網球和足球是參加 14 項比賽中的兩個球類比賽項目。這次比賽設男單、男雙、女單、女雙和混合雙打 5 個項目，在 21 個國家和地區 1000 多名運動員中有 11 名女選手，開創了女子走向世界網壇的先例。英國選手獲 4 枚金牌。

1904 年第 3 屆現代奧運會在美國聖路易舉行。由於路途遙遠，遠隔重洋，參賽者僅有來自 12 個國家和地區的 600 多人，其中美國占了 500 多人。這次比賽的冠軍多為美國人所取得，所以，有人稱這屆奧運會為美國奧運會就不奇怪了。

第 4 屆現代奧運會於 1908 年在英國倫敦舉行。第 5 屆現代奧運會於 1912 年在瑞典斯德哥爾摩舉行，1920 年第 7 屆現代奧運會在比利時安特衛普舉行，1924 年第 8 屆現代奧運會在法國巴黎舉行，網球均列為正式比賽項目。

從第 9 屆奧運會開始，由於國際網聯與國際奧委會在職業運動員和業餘運動員的理解上發生分歧，奧運會取消了網球這一比賽項目。1984 年第 23 屆洛杉磯奧運會網球列為表演項目，直到 1988 年漢城奧運會網球才又被列為奧運會正式比賽項目。

1992 年在西班牙的巴塞隆那舉行的第 25 屆奧運會的網球比賽，是繼洛杉磯奧運會恢復網球項目以來水準最高的一

次盛會。一大批世界網壇高手，如美國的庫里埃、桑普拉斯、張德培，德國的格拉芙、貝克爾，西班牙的桑切斯等都參加了這次大賽。中國網球選手是歷史上第一次打進奧運會，他們是女子單打選手李芳、陳莉，女子雙打選手李芳／唐敏，男子雙打選手孟強華／夏嘉平。

　　由於 7 月的巴塞隆那氣溫高達 40 度，一些體力好的年輕選手占了上風，前幾輪比賽中，男子種子選手紛紛落馬。中國選手李芳第一輪與世界排位 28 號的荷蘭選手斯·勃蘭達相遇，結果以 1：2 比較接近的比分失利；孟強華／夏嘉平與排名 2 號種子的瑞典選手第一盤雖曾打到 5：7，但仍舊失敗；陳莉與世界排位 7 號的美國選手弗爾南德斯相遇，以較懸殊的比分失利。這是中國選手初闖世界網壇天地，雖失利，但建立了攀登網球技術高峰的信心。

（四）網球場地

在欣賞一場比賽或者欣賞一名球員的表演時，網球場總是充當著「大舞臺、大背景」的角色，球場的環境、設施，地表的顏色、質地等等，球員與它們融合在一起、映襯在一起，帶給觀眾很好的視覺享受。除此之外，不同質地的網球場更給球員提供了不同的發揮技藝、展現風采的天地，不同的球場更造就了不同類型不同風格的選手。

草地，古典而優雅，雖然疾風迅雨般的撕殺、爭奪全然沒有紳男淑女的矜持，但隱隱透著的，仍是大家風範與氣度；紅土地，凝重而深沉，不屈不撓的搏殺、奔跑中蘊含的是對勝利的渴望；硬地，跳躍而多采，充斥著無拘無束的天性，放任著滿天滿地的幻想……網球運動員是很幸運的，因為可以有機會體驗如此迥異的氣質。

畫畫兒的人不能不知道自己面對的是宣紙還是畫布，打網球的人同樣不能不知道自己是在什麼樣的球場上打球，而看球的人若不了解網球場，則等於失掉了大半與球員同生死共命運的相通之感，也少了許多可以與球員相交流的語言。

1. 草 地

這是歷史最悠久、最具傳統意味的一種場地。由於其對草的特質、規格要求極高，而適宜的草籽又不具備良好的適應性，加之氣候的限制以及其需要極週到、細緻的保養與維護，費用昂貴，所以，此種球場（特別是對用作正規比賽的草地網球場）很難被推廣到世界各地。

目前每年的寥寥幾個草地職業網球賽事幾乎都是在英倫三島上舉行，且時間集中在六、七月份，溫布頓錦標賽是其中最古老也最負盛名的一項。

草地球場的特點是球落地時與地面的摩擦小，球的反彈速度快，對球員的反應、靈敏、奔跑速度、奔跑技巧等要求非常高，同時球員也利用此特點大打「攻勢網球」，發球上網、隨球上網等各種上網強攻戰術，幾乎被視為在草地網球場上制勝的唯一法寶，底線型選手在草地網球場常常無功而返。

2. 人造草地

這是天然草場的仿效物，其結構有點兒像地毯，只不過底層是尼龍編織物，其上栽植的是束狀尼龍短纖維，為保持纖維的直立性，纖維之間以細砂為填充物。

這種場地需要平整、堅固的基底，附設有良好的排水結構，並且，因其白色界線是與周圍場地直接拼編在一起的，所以，免去了許多諸如劃線等維護上的麻煩，也使其成為了全天候場地的一種，維護者只需經常梳平整理並適時增添其間的細砂就可以了。

3. 軟性場地

這是不被人熟知的一個名字，但若提到法國公開賽的紅土球場，人們立即就不會有陌生感了，它是「軟性球場」最典型的代表。另外，常見的各種沙地、泥地等都可稱為軟性場地。

此種場地不是非常堅硬，地表鋪有一層細紗或磚粉末，

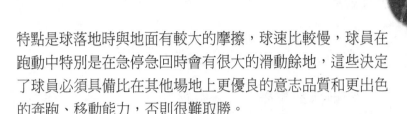

特點是球落地時與地面有較大的摩擦，球速比較慢，球員在跑動中特別是在急停急回時會有很大的滑動餘地，這些決定了球員必須具備比在其他場地上更優良的意志品質和更出色的奔跑、移動能力，否則很難取勝。

在這種場地上比賽對球員是極大的考驗，考驗其在底線相持的功夫。球員一般要付出數倍的汗水及耐心在底線與對手周旋，獲勝的往往不是頻繁上網者，而是在底線艱苦奮鬥的一方。

需要一提的是，沙地或土地網球場雖然造價比較低，但保養和維護起來卻是相當麻煩的，平時它需要澆水、拉平、劃線、掃線，雨天過後它需要平整、滾壓等等。由此，打球的人更應該對場地及場地上的一切設施備加愛護。

4. 硬 地

這是最普通的一種場地了，經常打網球的人沒有不熟悉此種場地的。它一般由水泥和瀝青鋪墊而成，其上塗有紅、綠等漂亮的顏料或鋪有一層高級塑膠面層，其表面平整、硬度高，球的彈跳非常有規律，但球的反彈速度很快，平時易於清掃和維護，基本上用不著很精心的照顧。許多公共網球場都採用這種硬地球場。

需注意的是硬地不如其他質地的場地彈性好，初學者在其上練球時應加強對自己的保護，特別是膝、踝關節，否則由於初學者奔跑、移動的方法可能不盡正確，地表的反作用又很強很僵硬，所以，比較容易對一些部位造成傷害。

自我保護的辦法是：時刻保持膝關節的彎曲，以便隨時依靠膝關節的升降和緩衝抵減來自於地面的反作用力；奔跑

時重心落在前腳掌上以使整個身體更有彈性；變向回動時，也儘可能地降低重心。

5.合成塑膠場

此種場地的材質與塑膠田徑跑道的材質屬同類，它以鋼筋混凝土或其他類似的材質結構為基底，表面鋪撒的是合成塑膠顆粒，其間以專用膠水相黏。

這種場地的彈性及硬度依塑膠顆粒的大小、鋪撒的緊密程度及其本身的特質而定。塑膠場地顏色艷麗、管理方便，室內外皆可鋪設，也是可供選擇的理想的公共球場。

6.網球地毯

顧名思義，這是一種「便攜式」可捲起的網球場，其表面是塑膠面層、尼龍編織面層等，一般用專門的膠水黏接於具有一定強度和硬度的瀝青、水泥、混凝土底基的地面上即可，有的甚至可以直接鋪展或黏接於任何有支持力的地面上，其鋪捲方便、適於運輸且有非常強的適應性，室內室外甚至屋頂都可採用。球的速度需視場地表面的平整度及地毯表面的粗糙程度而定。在保養上此種場地也是非常簡單的，只要保持地面清潔，不破損、不積水（配以相應的排水設施配套）就可以了。

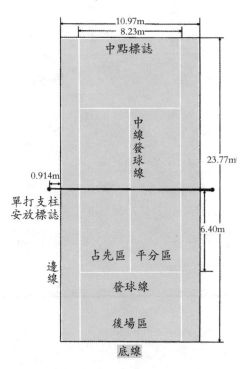

標準網球場

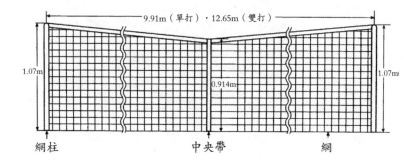

網球球網

基礎篇

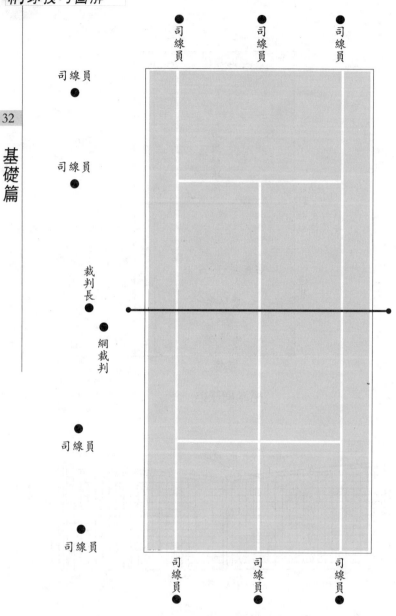

網球比賽裁判員分布示意圖

（五）網球器材

1. 球 拍

　　我們經常說「球拍就是手的延伸，是球員身體的一部分」，用一把好拍子無異於為自己添了隻好手。所以，如果有條件的話，初學者從最初學握拍起就應該用一把好拍子，因為拍子越好，其與手的親和力就越強，而這種親和力有時幾乎決定著初學者掌握技術和提高水準的速度。

　　好拍子的另一個優點是，可以對球員的身體起到一些保護作用，特別對於初學者而言，發力的不規範及動作的不盡合理，會給身體特別是手臂造成某種不適。而一把好拍子則可利用其良好的彈性及力的傳導性形成明顯的減震效果，從而把這種不適降到最低程度，避免手臂的勞損。在這裡，好拍子的概念是不能一概而論的，其優點也非幾句話能說得完，等朋友們讀過了下面的文字可能就會有些尺度了。

　　球拍根據其材料的性質可分為高強度球拍（Stiff racket）及相對來說的軟質球拍（Flexible racket）。其中高強度球拍的控球能力相當強，適用於上網型或非常強調球的旋轉的選手，但這種球拍由於柔韌性欠佳，所以，不能利用球拍本身的彈性給球以很好的推進速度，手感比較僵硬。

　　軟質球拍的彈性非常好，手感比較靈活，能夠給球以很大的推進速度，但是其控球的能力稍遜。

　　球拍的重量及拍頭與拍柄重量的平衡，要根據球員駕馭球拍的能力及個人的偏好而定，有人喜歡拍頭比拍柄重，有人相反，有人則喜歡頭柄相稱一樣重。一般來說頭重的拍子

在感覺上能給球以更大的慣性及速度，柄重的拍子在控制球時可以感覺比較省力，而總體上比較輕的拍子可以更容易操縱一些，但對肘部的壓力也大一些。拍面的大小可根據拍框上的數字來確定，大拍面（Over size）、中拍面（Mid size）及普通拍面（Regular size）相對應的尺寸分別為 110、100、90～95SQ.IN（平方英寸），目前已經出現了 124SQ.IN 的超大拍面。

初學者一般最好選用大拍面進行練球，因為拍面大，與球的接觸面也相應就大一些，初學者擊中球的概率也就高一些，雖說這只是許多初學者的一種感覺（他們在用拍面較小的球拍學球時總覺得不甚有把握擊中球或經常就是擊在了拍框上），但這種感覺是足以成為選擇大拍面的理由之一的。

拍柄的粗細一般在 4-1／8，4-7／8 英寸的範圍，多數人的尺寸是 4-1／4～4-5／8 英寸，拍柄一般都包有皮革。拍柄粗細是否合適的標準是手握球拍時拇指的指甲是否能蓋在中指近指甲處第一個關節之上，超過則有些細，可纏上一層吸汗帶以增加些粗度，不到則有些粗，最好予以調換。發球上網型或是進攻型或是防守型的選手比底線型選手，多喜歡用粗一些的拍柄。

買球拍要考慮的一個重要因素是價格。筆者認為，在能夠支持的範圍內應選擇價格較高的一種球拍，因為網球愛好者不一定都是製造拍子的專家，所以，評定拍子的好壞絕大程度上只有以價格為最基本、最直觀的參考，這就要求商家在定價格的時候把球拍的質地、檔次真實地反應出來，不要讓我們很多並不富有的購拍者，在林林總總的價格面前摸不著頭腦。另外，買球拍必須是在經過反覆幾次的選擇、比較

之後才能拍扳定案。

我們看到商店裡售賣的球拍很多都是已經穿好弦的了，且繃得很緊，足有 70 磅，初學者買來後好像是拿了塊木板在打球，毫無彈性和韌性，更談不上什麼手感，用的時間久了甚至會引發某些損傷，這是需引起注意的一種情況。

正常來講，網球拍在出售時應是沒有穿弦的，因為每個人對拍弦的要求都不盡相同，有人希望弦穿得緊一些，有人希望鬆一些，有人喜歡也用得起高級弦，有人則用普通的，在這一點上沒有「均碼」可言，商家也許是為了顧客方便才事先把拍弦穿好的，但無意間卻也把許多的不適強加給了顧客，這就與願相違了。

2. 拍弦的選擇

拍弦的材料、質地基本上有兩大類：

（1）昂貴的羊腸弦（gut），這種弦彈性和柔韌性極佳，但對溫度和濕度特別敏感，且不耐磨、易斷，主要為高水準的職業選手所用；

（2）尼龍弦及合成纖維弦，初學者及廣大網球愛好者多選用這類弦，其特點是比較耐磨也比較便宜，隨著工藝水準的提高其性能越來越好，優質尼龍弦的感覺甚至已可以和羊腸弦媲美。

其次是拍弦的粗細，一般來說拍弦標號越大則拍弦越細，17 號為最細，細弦易斷但其對球的控制力好、彈性好，粗弦耐磨，但感覺比較笨重、不敏感，朋友們可以根據情況分別在練習或比賽時選用。

拍弦的拉力即穿弦時的鬆緊度，以 LBS（磅數）表示。

在拍弦穿得很緊（磅數很大）的情況下，弦線面的硬度比較大，可增強對球的控制力，在穿得鬆一些的情況下，可充分發揮其弦線的彈性，給球以更大的反彈力和推動力，增加球速，但控制球的難度也相應增加了一些。

　　拍子的拍體上一般都標有該拍子所能承受的拉力範圍，在這個範圍內，拍子的彈性及其它各種性能可以被最充分地發揮出來，拍體也不致加高磅數而受到損傷。在此基礎上，大拍面宜穿高一些的磅數，比如 70 磅、75 磅，甚至更高，中拍面及普通拍面可適當降低磅數。上網型球員、力量較大的球員、運用旋轉較多的球員應選擇高一些的磅數，底線型、力量較弱的球員宜選用低一些的磅數。

　　除上述之外，在使用過程中，當拍弦的彈性有所下降或已磨損得很厲害時，應該注意及時更換拍弦，當拍弦被打斷時更要把所有的經緯弦全部剪拆下來，以免因張力不均而使拍框變型。

3. 減震器

　　減震器的安裝要視個人手感的喜好而定，需注意的是其安裝的部位，規則裡明確指出此類東西必須裝在弦線交叉的格式之外，也就是說，橫豎弦交錯的地方是不可以安裝減震器的。

4. 吸汗帶

　　吸汗帶可以防止因手汗過多而造成的握拍打滑現象，也可以在拍柄較細的情況下起到增粗拍柄的作用。

5. 球

球的選擇要視水準而定，標準彈性的球當然人人可用，但為了練球起見，初學者最好選擇軟一些、彈性弱一些或專門用於練習的稍大於標準的球，這樣的球比較遲鈍，速度比較慢，也比較容易駕馭，可令初學者多打幾個來回從而更多地體驗到擊球時的手感，但是，水準提高到一定程度後還是用標準球練習為佳，彈性不好的球不利於進一步培養球感。

6. 鞋、襪

由於打網球時需要做許多次前後左右各個方向的急停、急起動、急變向，並且重心基本都在前腳掌上，鞋的相應部位也就最吃力，磨損最厲害，所以，網球鞋充分照顧這一特點，不僅鞋底的紋路適於各種制動時與地面的摩擦，而且

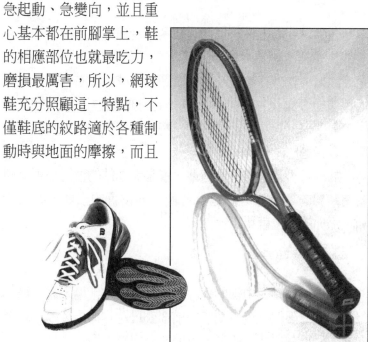

內墊必有很強的支持力且具備良好的彈性，這樣才能夠順應足底的曲線來緩衝和吸收腳部的壓力。網球襪只要吸汗、舒適就可以了。

精良的裝備、設施齊全的球場可以在一定程度上加快初學者學球的進程，所以，筆者建議初學者在條件允許的情況下應該用相對好的產品「武裝」自己，這是對健康及效率的投資。

（六）擊球常識

1. 站位

運動員在場上打球根據需要選擇合適的位置稱為站位。會站位是初學網球者的第一步。站位的選擇要根據情況而定，比如：對方在右區向你的右區發球時，在右場區端線附近距邊線 3 公尺左右的地方就是合適的站位；在單打比賽中，每擊完一次球，必須跑回（特殊情況例外）中點附近，這就是合適的站位……。

站位是否合適的衡量標準，就是看你站的位置是否有利於還擊對方擊到你方球場上各個不同位置的來球，如果不利，那你的站位就錯了。

2. 球場區分

球場以中點與中線的連線為界可分成左半場、右半場；沒有中間界限叫全場；端線向前 3 公尺左右稱為後場，球網向後 4 公尺左右稱為前場，中間部分稱為中場。

3. 正手、反手

握拍手的同側稱為正手，握拍手的異側稱為反手。

正、反手的用途主要有兩點：一是與技術名稱相聯，表示一種技術動作。如：正手抽球、正手高壓球、反手截擊球等；另一點是表示來球的方向，比如：來球正手、來球反手等。

4. 擊球點

所謂擊球點是指球拍擊球時與球接觸的那個點。這個點是一個空間位置。擊球點包括三個方面的內容：第一是這個點距擊球者身體的前後距離；第二是這個點距擊球者身體的左右距離；第三是這個點距地面的垂直高度。

練習者用拍擊球時，擊球點選擇得是否合適，對擊球的命中率有直接的影響。擊球點過前，則擊球無力；擊球點偏後，則球拍前揮距離不夠，沒有主動擊球的效果；擊球點過高或過低又會使動作變形。

選擇正確的擊球點能使合理的技術動作得以發揮，擊球效果就好。不同的技術動作對擊球點有不同的要求，需要在學習技術時認真領會，直至熟練掌握。

5. 拍面角度（拍形）和擊球的部位

拍面角度是指球拍擊球時拍面與地面間的角度關係。擊球部位是指球拍擊球時，球拍觸球的位置。拍面角度有垂直、前傾（關）、後仰（開）三種，擊球部位有上、中、下和左、中、右幾種。在有些擊球中，球拍接觸球的部位也有

中上部、右下部等兩個或多個部位結合的情況，因此，具體情況應具體分析。

不同的技術動作要求控制成不同的拍形，不同的拍形使拍面接觸球不同的部位。比如：平擊球，拍面垂直，接觸球的中部；削擊球，拍面後仰，接觸球的中下部，等等。由此可見，拍面控制如何是完成某一技術動作的重要因素。

6. 擊球的路線

所謂擊球的路線是指球被擊出後，所運行的軌跡與球場地面之間的關係。網球場地大，擊球線路多，很難一一描述。在此，只能抓住幾條主要的擊球路線進行研究，盼各位能舉一反三，從而找出規律。

假如擊球者從自己的右角將球打到對方的右角，球的路線與邊線成較大的角度，這條線稱為右方斜線；擊球者從右角將球打到對方的左角，球的路線與邊線平行，這條線稱為右方直線；擊球者從自己的右角將球打到對方球場中點附近，球的路線與邊線成較小的角度，稱為右方中路。

相反，從左角將球打到對方的上述三點位置時，仍有三條球路，即左方斜線、左方直線、左方中路。若從自己的中點將球擊到對方場地的三個位置，又可有中間斜線（兩條）、中間直線三條線路，這是我們應用較多且區別明顯的9條基本的擊球路線。

在練習中對擊球提出路線要求，是培養練習者控制球能力的主要方法。如：「正手抽擊斜線球練習」，就是要求練習者用正手抽球技術將球打成斜線路，若打不準，說明練習者控制球的能力較差。

7.擊球的深度

所謂擊球的深度是指練習者擊出的球落在場內距端線的遠近程度。落點距端線近,即謂擊球的落點深;落點距端線遠,即謂落點淺。擊球時對落點提出深度要求,是提高練習者控制球能力的重要方法。

要求練習者將球打深是有其戰略意義的,是貫徹練為戰指導思想的具體體現。球打得深,球飛行的時間長,能有較長的時間為還擊對方擊來的球做準備,是使自己擺脫被動爭取主動的好方法;球深,球的彈跳越過端線,迫使對方在端線後擊球,為對方上網截擊增加了困難;深球可以縮小對方回球的角度,縮短自己左右奔跑擊球的距離,減少擊球的難度,提高擊球的命中率。

總之,要求練習者將球打深,不僅是對技術提出的要求,更重要的是,提高戰術意識與戰術方法的需要。

8.擊球的角度

擊球的角度是指練習者擊球後球的路線與我們原定參照物與擊球點連線之間的角度關係。比如:右方斜線球,我們可將右邊線作為參照物線,當球的落點距左邊線越近時,則右方斜線擊球的角度越大;若把對手作為參照物,球被擊出後,落點距對手越遠,則擊球的角度越大。

在練習中要求打角度大的球,其主要目的在於提高擊球的攻擊性。因為角度大可以調動對方,尤其是大角度的斜線球,能將對手拉到邊線外,使對方場上出現空檔,從而攻擊空檔得分,大角度球有時能直接得分,特別是在破網時打出

角度大的球效果更明顯。總之，對練習者提出打角度球的要求，是提高技術水準的戰術意識的需要。

9. 擊球的速度

對擊球的速度應當理解為對方擊出的球飛至網上到被我方將球擊出觸及對方場地內的物件為止（包括球落地、球被對方截擊等）這段時間的長短。這裡包括兩段時間，一段是球至網上到球拍擊球，另一段是從球拍擊球到球觸對方場內物件，因此使這兩段時間減少，是打網球提高擊球速度的基本原理。

減少第一段時間的方法是提前擊球，最好球一過網就擊球，比如截擊球、高壓球就是利用這一原理加快擊球速度的具體方法；減少第二段時間的方法是加快球運行的速度和縮短擊球點到對方場地落點的距離。

加快擊球速度的目的是縮短對方觀察、判斷、分析、選擇及運動擊球這一「連鎖」的時間，給對方造成匆忙、勉強、被動的還擊，從而使擊球的命中率降低和擊球的威脅性減小。

10. 擊球的力量

練習者擊球的力量大小，是通過球運行的快慢表現出來的。據公式 $Ft = mV$ 可知，當球拍作用於球的時間 t 不變時（網球的質量 m 也是不變的），球拍給球的作用力 F 越大，球向前飛行的速度 V 就越快。所以說，有力量的人，尤其是爆發力，也就是速度力量比較好的人，打出的球向前飛行的速度就快。

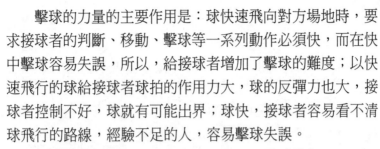

擊球的力量的主要作用是：球快速飛向對方場地時，要求接球者的判斷、移動、擊球等一系列動作必須快，而在快中擊球容易失誤，所以，給接球者增加了擊球的難度；以快速飛行的球給接球者球拍的作用力大，球的反彈力也大，接球者控制不好，球就有可能出界；球快，接球者容易看不清球飛行的路線，經驗不足的人，容易擊球失誤。

要想增加擊球的力量，就必須從以下幾點做起。

（1）注意身體的力量練習，使腿、腰、臂的力量不斷增加，並在整個擊球過程中，能做到各部分力量協調配合，爆發用力。

（2）擊球時拍面應盡量保持垂直，減少對球的摩擦，力量完全用在打擊球上。

（3）擊球時引拍動作稍大些，增加球拍前揮的加速距離，在球拍向前揮動速度最快時擊球。

（4）要選擇合適的擊球點，即在你球拍前揮速度達到最快，整個身體感到最舒服的那個點擊打。

（5）整個擊球過程中，全身肌肉不要太緊張，以免影響肌肉的收縮發力效果。

11. 擊球的落點

球被練習者擊出後，落在對方場地內的那個位置，就叫擊球的落點。落點是路線的一個重要組成部分，但又與路線有區別，比如：同是一個斜線球，由於球的落點不同其斜線的效果也不一樣。在斜線上有深球、淺球之分，又有球打在後場、中場、前場之別；同是深球，落點不同，又有左、中、右之分；同是一條斜線，又可打出大角度球和小角度

球。因此，擊球的落點能體現出擊球的路線、擊球的深淺場區和擊球的角度。

落點的作用是利用斜、直線和深、淺球擴大對方移動的範圍；盯住對方的弱點連續攻擊，增加對方擊球的難度；利用假動作，聲東擊西，使對方判斷錯誤，失去有利的擊球時機。練習者只有充分認識擊球落點的重要性，並經常有針對性地進行落點球練習，控制擊球落點的能力就一定會提高。

12. 擊球的旋轉

練習者擊球時，球拍給球的作用力線不通過球心時，球就會產生旋轉，旋轉的球在空中飛行的弧線、落地後彈起的弧線與不轉球不一樣，我們研究擊球的旋轉，目的一是要利用它，二是會對付它。

在網球運動中常見的旋轉有三種：第一種是上旋球，它是由球拍稍前傾，從下向前上擦擊球的中上部而產生的。這種球的特點是在空中飛行時下落比較快，落地後向前衝，彈得低而快。第二種是下旋球，它是由稍後仰的球拍從上向前下擦擊球的中下部而產生的。這種球的特點是落地後彈得高，球不往前走。第三種是側順旋和側逆旋，它是由側後仰的球拍由左後上或右後上，向右前下或左前下擦擊球的左中下或右中下部而產生的。它的主要特點是落地後向左、右兩側跳。

旋轉的作用是利用旋轉製造合適的擊球弧線，提高擊球的命中率；另一點可利用旋轉的變化干擾、破壞對方的擊球，使對方擊球失誤。

提高擊出旋轉球的能力要通過用力摩擦球的方法來實

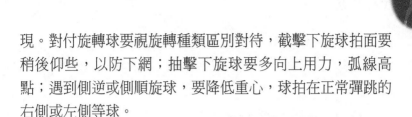

現。對付旋轉球要視旋轉種類區別對待,截擊下旋球拍面要稍後仰些,以防下網;抽擊下旋球要多向上用力,弧線高點;遇到側逆或側順旋球,要降低重心,球拍在正常彈跳的右側或左側等球。

13. 擊球的弧線

所謂擊球的弧線,是指球被練習者擊出後到落到對方場地上球所運行的軌跡和球從對方場地上彈起後到觸及場內其他物件(地面、攔網等)時運行的軌跡。任何一條弧線都包括弧線的長度、弧線的曲度、弧線的方向、打出距離。

弧線的長度是指球從球拍飛出到落地或從落地到觸及其他物件球實際運行的軌跡的長度。弧線的曲度是該條弧線的彎曲程度。弧線的方向與球路相仿,有斜、直線及中路之分。打出距離是指球拍觸球點到落點的直線距離。

弧線的作用是提高擊球的穩健性。在一網相隔的兩半場地上擊球,球多以弧線的形式來回運行,才能免於落網。因此,練習者不管想打直線球,還是想打斜線球,不管要打角度大的球,還是角度小的球,都必須首先考慮製造合適的弧線。第二個作用是可利用忽高忽低、時長時短的弧線,提高球的進攻性、威脅性。

提高控制擊球弧線的能力要從以下幾個方面努力:

(1)要控制好拍面和掌握好擊球時用力的方向,拍面一定時,越向上用力,則球的弧線曲度越大。

(2)要掌握好擊球時用力的大小,球拍用力大則弧線的打出距離長,反之則短。

(3)要注意擊球時擊球點距地面的距離,距離大則弧

線曲度可以小些，距離小則弧線曲度需要大些。

（4）利用旋轉的規律製造弧線，比如：拉上旋打大角度的淺球就比較容易命中。

14. 擊球的動作結構

在網球運動中，具有一定聯結形式的科學的合理的擊球動作就叫擊球技術。組成擊球技術所有動作之間的普遍聯繫和相互作用的形式，就叫擊球的動作結構。儘管網球擊球技術多種多樣，動作方法、要領各有不同，但在擊球動作結構方面卻有共同的規律。了解擊球的動作結構的目的，就是為了觀察、分析某人的某個技術動作，找出毛病，提出改進措施，不斷提高技術水準。

擊球動作結構由引拍、向前揮拍、球拍觸球和隨勢揮拍四個部分組成。

引拍是一切擊球技術的開始，是獲得擊球力量的重要保證。引拍要根據各種技術的要求在方向上、幅度上做到恰到好處，並要做到各部肌肉保持放鬆。

向前揮拍要及時，揮拍的方向、速度不僅決定著擊球的命中率，更重要的是決定著擊球的速度、深度、角度。各種技術的揮拍方法各不相同，但追求的擊球效果卻是一致的，因此，要掌握好向前揮拍這個重要環節。

球拍觸球是擊球動作的關鍵環節。觸球的時間、觸球的部位，觸球時球拍揮動的速度、方向及手臂和手腕的用力感覺等複雜動作都集中在這關鍵的一瞬間，這一瞬間決定著擊球的最後效果。所以，這一環節是我們觀察、糾正某一技術是否有錯誤的重點。

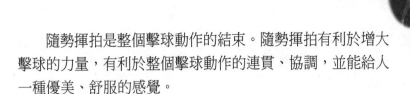

隨勢揮拍是整個擊球動作的結束。隨勢揮拍有利於增大擊球的力量，有利於整個擊球動作的連貫、協調，並能給人一種優美、舒服的感覺。

15. 甜 點

球拍上能送出穩定、有力、向前預定方向飛行的球的區域稱為「甜點」。在練習中，用球拍的甜點去擊球，擊球的用力能發揮最佳效應，練習者的手感也能感到最舒服。

甜點不是一個點，而是位於球拍網弦中心部位的一個區域。在這個區域裡有三個具體的點，位於網拍中心的那個點是最佳手感點，球擊在這個點上時，你的手臂感到震動極小；在最佳手感點的下方（靠近拍柄端）有一個點叫做最強彈力點，球若擊到這個點上球飛出的速度最快；在最佳手感點的上方有一個點叫做最大減震點，球擊在這個點上震動力最小。

總而言之，球擊在這個區域裡，無論是手的感覺，還是擊球的效果都很好，因此，有一種舒服、甜蜜的感覺。若擊在這個區域以外，效果就會大大降低。

16. 球的飛行

在底線擊落地球時，最適宜的擊球點是在相當於身體腰部高或略低於腰部的位置上，而在球第一次落地至球彈跳後第二次落地的過程中，有兩個弧段在此高度，高水準選手擊球的時機大多選迎著球上升的趨勢將球回擊過去，為的是爭取進攻的時間及力度，稱「搶點擊球」。搶點擊球雖然是打網球的一大要點，但初學者往往很難做得到，因為它需要極

好的球感、極快的反應、迅捷的步法移動及很強的與球相對抗的能力，這些素質在很大程度上要依靠長期的訓練才能具備。

　　一般球員多會自覺地選擇在球快下降階段擊球，但此時的球卻往往已在擊球者肩部附近的高度上了，常打球的人都知道在此高度擊球是很彆扭很費力的。如此，選擇球下降段也就是在球處於下降的趨勢時將球擊回擊，相對來說就比較安全穩妥，但必須看到，這是相當消極的打法，因為球員經常需要不斷的退後再退後，這樣不僅增加了發力的難度，也擴大了球員跑動的範圍。如此，初學者在學球過程中最好能有意識地培養自己「搶點擊球」的膽量與能力，否則就只有永遠躲在底線後很遠的地方被動挨打了。

17. 界內、界外球的判定

　　網球預備知識裡應該包括界內、界外球的判定。以白線為界，落在場區內的球為界內球即好球，落在場區外的球為界外球，這是無需贅言的。那麼，落在線上的球該怎麼算呢？《網球規則》明確說明：落在線上的球算界內球。因為網球場丈量是從白線外沿起始的，所以，白線本身也是場區的一部分，哪怕球體的絕大部分都已在界外而只有一丁點兒的部分擦到白線，這也是絕對「合格」的好球。初學網球的朋友對此應該先有一個認識。

準備篇

（一）選擇握拍

1.單手握拍／正手握拍擊球

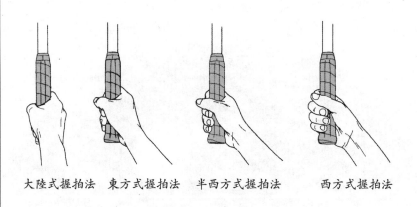

大陸式握拍法　　東方式握拍法　　半西方式握拍法　　　西方式握拍法

2.單手握拍／反手握拍擊球

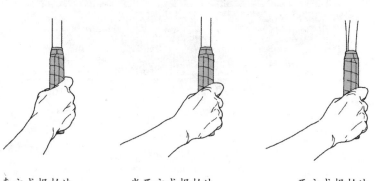

東方式握拍法　　　半西方式握拍法　　　　西方式握拍法

3. 雙手握拍／正手握拍擊球

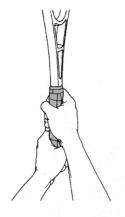 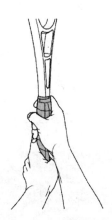 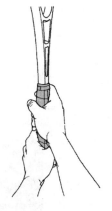

東方式握拍法　　　半西方式握拍法　　　西方式握拍法

4. 雙手握拍／反手握拍擊球

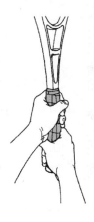 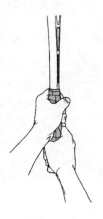 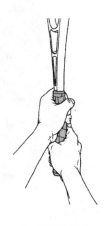

東方式握拍法　　　半西方式握拍法　　　西方式握拍法

（二）準備姿勢

雙肘輕貼
在腰部

膝部放鬆

兩腳間距
比肩稍寬

· 手放鬆握住
　球拍
· 一般用左手
　支撐球拍
· 等球時不要
　握拍過緊
· 身體放鬆

準備姿勢（正面觀）

拍頭向上，眼睛盯住球。

屈膝有利於啓動

五種基本技巧

· 眼睛不要離開球。
· 腳要快速移動去擊打球並且快速回位。
· 保持低重心，抬頭，平衡要好。
· 控制好球拍的後引、前揮和擊球。
· 要知道打高的和有角度的球時拍面和球的接觸點。

準備姿勢（側面觀）

（三）靈活的步法

　　在網球練習中，雖然有很多人都知道「網球是用腳打球的」，但真正地理解、重視並恰當地運用的人卻很少。尤其是廣大業餘愛好者，經常會看到他們有的退身打球，有的邊打邊跑，有的類似羽毛球的同側跨步救球等等，一些非正規的網球步法。

　　移動是為了在正確的擊球點上擊球，只有移動到位才能正確地把球擊出，為此身體重心移動的時機必須合適。這就是說，在進行後擺、前揮、隨揮等動作時，如果不能很好地掌握身體的重心，就不能做到正確的揮拍。

　　在正手擊球時，重心移動的關鍵在於支撐腳的位置確定了，接著就可以把另一腳向打球方向邁出。在正手擊球時，腳的開立姿勢要比腳的併立（小開立）姿勢更容易打球。而

在反手擊球時，由於要依靠腳的轉動，因此，多採用併立姿勢。不管怎樣，由於是拿著球拍在運動，保持身體的平衡就尤為重要。所以，要有用不握拍的手保持平衡的意識。

　　一般的移動步法是在開始時為小碎步，中間為大步，當接近來球時，又改為小碎步。在確定支撐腳的位置後，另一腳跨出擊球，這裡支撐腳的移動是關鍵。以右手握拍為例，在做準備姿勢時，右腳還是朝向網，擊球時，右腳必須與擊球方向成直角。因此，由右腳邁出第一步，當球到了正手一側時，迅速地以左腳著地，並向右邊跨出。這時後擺動作已經結束。由右腳支撐體重，然後隨著來球跨出左腳。此時的上體是向右轉體側向姿勢，因此應該能隔著左肩看到來球。

接著進入擊球，重心移到左腳，在隨揮的動作完成之後，右腳再收到原來的準備位置上。在移動步法過程中，眼睛要始終地盯住球。

為了讓大家重新認識網球步法，並進行正確的練習，達到提高擊球技術水準的目的，特向大家介紹各項網球擊球技術的步法，以供參考。

1. 正手擊球的步法特點

東方式正手擊球要充分利用身體重心的前後移動來打球，因此，一定要保持向前邁步擊球的步法。一般常採用關閉式步法，側身迎接來球。擊球前重心在後腳，擊球時重心移至前腳。

西方式正手擊球，因為主要用轉肩的力量來提拉上旋

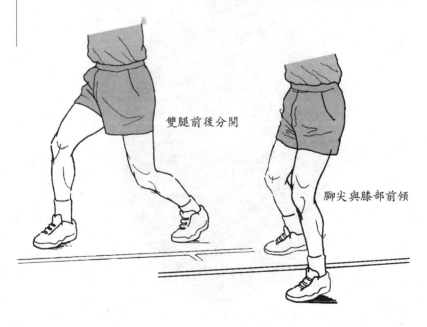

雙腿前後分開

腳尖與膝部前傾

球，所以，擊球時重心落在後腳上，常採用開發式步法擊球。

2. 反手擊球的步法特點

單手反拍擊球時，右腳要跨過左腳，保持背對來球，擊球時重心在前腳。雙手反拍擊球，基本有兩種站姿。一種是側對來球站立，一種是雙腳對球網開放式站立。

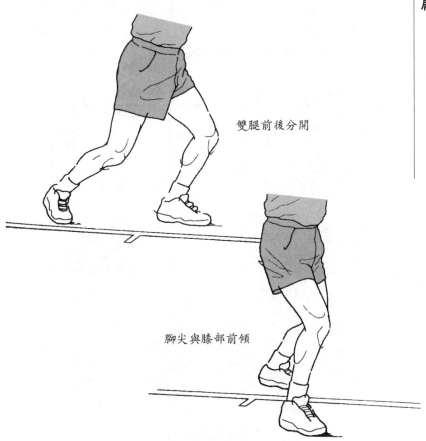

雙腿前後分開

腳尖與膝部前傾

3. 發球的步法特點

發球時，不論是在右區或在左區發球，都要保持右腳的腳尖指向右網柱，並且兩腳尖的連線指向相應的發球區。開始揮拍前，重心在前腳，然後隨向下向後的揮拍而同時將重心後移，再隨著上舉球拍向前蹬腿，利用重心前後移動的力量來增加發球速度。

另一種是後腳靠近前腳的發球步法。隨著上舉球拍的結束，準備向上擊球之前，讓後腳靠近前腳，平穩地向前移動重心，保持雙腳同時向上發力擊球。

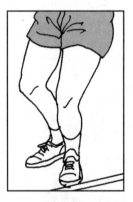

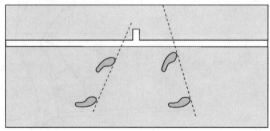

發球站位步法

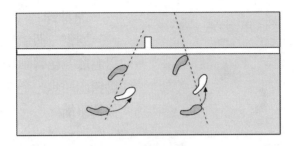

後腳靠攏前腳發球步法

4. 截擊球的步法特點

正手截擊球，針對三種不同情況的來球，有三種步法：一種是恰好在正手擊球位置的來球，同正手擊球步法一樣，向前跨出左腳，側對來球迎擊；一種是稍遠離身體的來球，採用左腳跨過右腳的步法擊球；還有一種直接奔向身體的來球，要迅速後撤右腳，再頂住右腳用重心前移來擋擊球。

反手截擊球步法與正手截擊球步法相同，只是左右腳相反運動即可。

易回的球

回擊一個位置正好的球時，只需轉過右腳，同時左腳向前邁一步，使兩腳間的線路與來球方向平行。

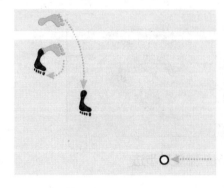

遠身球

回擊一個遠身球時，以右腳為軸轉動身體，左腳跨出一步，上身轉動以保持平衡。

近身球

以左腳為軸，右腳向後退，使身體側開，身體重心前移。

5.高壓球的步法特點

高壓球時一定要保持側對來球，右腳與底線平行，左腳尖稍指向右網柱。常用的高壓球步法有兩種：一種是向後側滑步法，一種是側後交叉移動步法。

交叉步
向後退打高壓球
的步法。

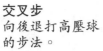

保持冷靜，側身
向後退，目光注
視球。

側 步
向前進打高壓球
的步法。

肩部不用力，保持身體
平衡，擊球要果斷。

6. 場上擊球前的移動步法特點

在比賽中，很少有球直接餵送到你的身邊，讓你很舒服地不用調整步法即可擊球。大多情況下，需要你不斷地移動，迅速站穩，等待擊球。

因此，場上的移動步法也是非常重要的，除了一般的跑動外，常見的還有滑步法和左右交叉步法。

（1）滑步步法

多常用於前後移動不太遠的正反手擊球。這裡，請注意一點，滑步的同時，應提前引拍，最好做到保持向後引拍的姿勢移動。具體的步法要點是，向前移動時，蹬出右腳的同時，向前跨出左腳，連續向前即形成前滑步步法；向後移動時，左腳後蹬的同時，向後邁出右腳，連續形成後滑步步法。

（2）左右交叉步法

多常用在兩側邊線附近的來球。向右移動時，向右轉體，左腳先向右前方跨出，交叉於右腳外側前方，再跨出右腳；繼續跨出左腳於右腳外側，反覆向右交叉移動，就是右交叉步步法。向左移動，方法與向右移動相同，左右腳方向相反，就是左交叉步步法。

（四）運用旋轉

旋轉，也就是球旋轉的方向，它對球在空氣中的運行和落地有明顯的影響。球的旋轉本身有時決定了一個球是否出界，決定你要用什麼方法來回球。以下說明三種不同的旋轉作用。

上　旋

平常拉球時，眼睛瞄的高度與網高一致，而打上旋球時，瞄的高度要高些。

側　旋

削球可打出側旋球。如果與上旋相結合，球落地後會突然改變方向並向上彈起。

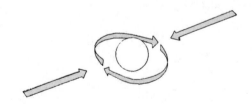

下　旋

　　下旋球飛行路線低。近距離擊球時，可用下旋和側旋結合的方法。

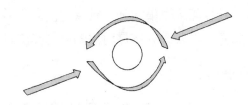

（五）準備活動

　　打網球所使用的肌肉，事先要充分伸展，這對防止受傷以及更好地發揮水準有重要意義。

　　這裡介紹幾種簡單準備活動，希望能供你參考。

　　你不妨思考一下各個動作是對活動哪個部位有作用。

肘部伸展

　　一隻手伸直在頭上，另一隻手握住肘部，然後向下慢慢牽引，伸展到最大程度停止牽引，保持這種姿式一小會兒。

臂部伸展

　　一隻手舉至與胸高，伸直，保持這個高度向側外方盡量
伸展，另一隻手從下壓住手腕部位。

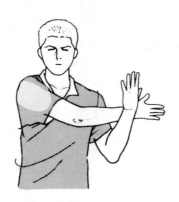

手指伸展

　　手心向下舉至肩高，手向前伸。另一隻手將指尖朝自己
的方向掰。

準備篇

正壓腿

面對一定高度的
物體站立，右腿提
起，腳跟放在物體
上，兩手扶按膝關
節，上體前俯做振壓
動作。

側壓腿

側對一定高度的
物體站立，右腿提
起，腳跟放在物體
上，配合手的動作，
上體向右側振壓。

腳踝伸展

　　一隻腳大步向前邁出，兩手放在左腿膝關節上，腳跟不要離地，上體向正前方移動。

腳踝轉動

腳踝貼著地面，腳脖子向外彎曲。

頸部伸展 1

頭慢慢向前傾，充分伸展，再回到原來的位置，然後頭向後傾。

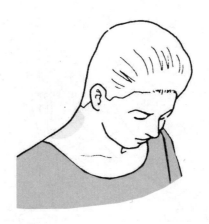

頸部伸展 2

臉朝正面，頸部充分向左右伸展。

仰臥正壓腿

兩腳併攏坐好，兩手撐在後面，一隻腿彎曲，令其觸到臀部。

仰臥側扳腿

仰臥，一手放在體側，另一隻手放在另一側膝關節外側，慢慢地朝內側扳腿。

屈膝前俯

盤腿而坐，兩手抱腳尖，背不要彎曲，兩肘觸地。上體前俯，以胸觸腳。

以膝觸胸

仰躺，兩手抱住膝關節向胸部牽引，以膝關節觸胸。兩腿交替進行。

觸腳尖

兩腿交叉站立，上體慢慢前屈，然後雙腳分開站立，右手抓住左腳尖，左手抓住右腳尖，令身體彎曲。

屈膝送肩

兩腳張開比肩寬，慢慢蹲下，兩肩交替向前送。

準
備
篇

技術篇

（一）正手平抽

正手平抽球指的是，在本人握拍手同側的地方對落地球的打法，它是網球基本技術中最常用的擊球方法，是初學者最先學習的技術。

正手平抽球的動作，從理論上講，動作比較深長，擊球有力，速度也較快。在比賽中正手平抽球的機會比較多，正手平抽後，可使本人在場上的位置更有利。

絕對不旋轉的平擊球實際上是不存在的。球在空中飛行，與空氣摩擦就會產生旋轉，一般是稍帶上旋。運動員在大力發球或上網扣殺時，為了有效地把全身的氣力擊在球上，球拍運行的軌跡與球飛行的軌跡基本一致，這時拍與球是對心碰撞，擊出的是幾乎不旋轉的平擊球。

除此之外，還有側旋球。它是在水平面上旋轉，方向可以或左或右。側旋一般結合在上旋或下旋球中，它使球向兩側彈開。側旋主要在發側旋球時出現。

球的旋轉改變了球速，也改變了球的彈跳高度。利用不同的旋轉方式及不同的旋轉程度，可以有效地控制比賽的節奏，讓對方高個子運動員不得不蹲下擊低地面球，使對方小個子運動員總遇上胸部以上的高跳球，把比賽的主動權掌握在自己手中。

技術篇

正手平抽球（側面觀）

平擊球拍形

正手平抽球（正面觀）

移動中正手平擊球

似乎是向前推送擊球

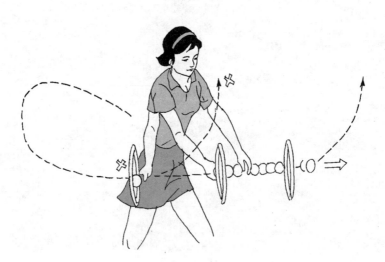

平擊球球拍運動軌跡

擊球點和高度

球拍與球接觸的那個點即為擊球點。擊球點一般在左腳右側前 90～120 公分左右處,此時,這個點是人體整個從後和向前揮臂擊球過程中最有速度的點,因此,在此點擊球是比較有力量的。在擊球點球與身體的高度,應該是身高的 1／2 處再加 10 公分左右,即腰的高度,此時的高度大約與球網的中心高度差不多,只要拍面垂直擊打到球體上就能通過球網。另外,此高度也是人體最容易發力的高度,腰的轉動增加了力量,擊球的力量就最大。

在球離身體的距離有手臂加球拍的長度時,揮拍擊球不但輕鬆自如,且有利於拉球和發力。

擊球點

球的飛行

　　瞄準兩個網的高度，大約為一公尺高，用正手擊球，將球打到對方場地底線處。

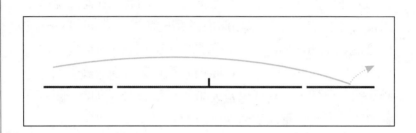

揮拍的弧線

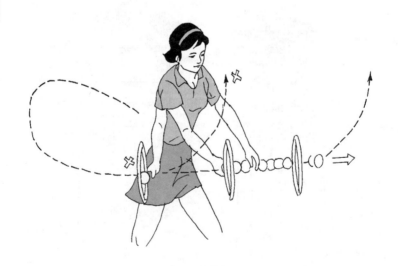

揮拍的軌跡

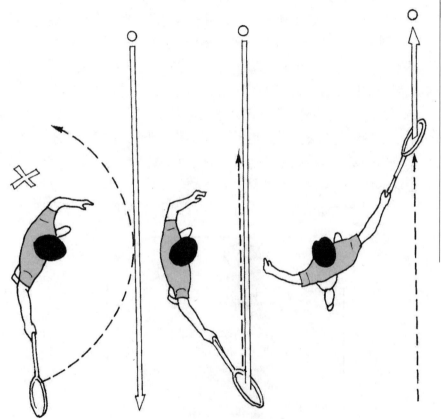

揮拍的軌跡（俯視）

（二）正手上旋

　　上旋球是比賽中運用最多的一種擊球方式。上旋球完全系數最高，可以在各種情況下運用。當你從底線用力擊上旋球，球在網上方 20～80 公分處越過，可以落在對方場區底線附近，阻止對方上網截擊。若用同樣的力量平擊球或擊下旋球，要使球落到對方場區同樣的深度，那麼球只能在網上方 10 公分以內擦網而過，成功率要低得多。

　　上旋球落地後高高彈起至對方胸部，迫使只具備一般水準的對手要後退離開場區回擊。優秀選手雖然能迎上擊球，但球速快，難度大，不易擊出威脅大的球。

　　當對方上網截擊時，利用比網高出 10 公分的上旋球可

以使球落在對方腳附近，使他難以回擊。即使能回擊，也只能從下往上打，不能用很大力。利用上旋還可以擊出大角度的近邊線球，使對方球員疲於奔命。

由於強烈的上旋球觸地彈起後球速比接觸地面前更快，所以，只有用上旋球才能進行進攻性比賽。世界級優秀選手如球王博格、康納斯、勞埃德、穆斯特、布爾格拉都是擅於正手擊強烈上旋球的。

對於如何使球產生上旋，在過去的網球專著中大部分強調球拍在擊球時做包捲動作，強調球拍與球接觸過程中，由前臂和手腕用力向前上方提拉，使球與球拍的摩擦面從球的後部移到球的頂部，從而產生上旋，這種講法是不對的。

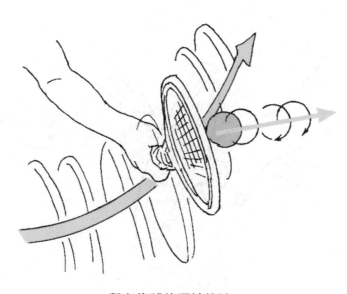

擊上旋球的揮拍軌跡

　　世界著名網球教練維克‧布雷頓研究了用高速攝影機拍攝下的圖像，發現拍與球的接觸是十分短暫的，拍頭從來也不翻滾過球。上旋的產生來自由下而上的揮拍，以及拍面在擊球時保持垂直。強行用手腕動作來施加上旋力是不必要的，這與打乒乓球有很大區別，乒乓球球速相對較慢，拍面貼有軟軟的海綿或橡膠粒，球與拍面接觸時間較長，加上乒乓球很輕，手腕動作及拍的包捲可以使球產生強烈上旋。因此，不宜把乒乓球的擊球動作用在網球運動上。

　　其實擊上旋球時，拍子是與球的後下部接觸的。拍頭一般低於來球，然後向前上方運動，與球後部靠下的部位相碰。特別是擊傾斜下落的來球，拍面必須稍微向上迎上去。

迎上擊上旋球

旋轉的目的是使球以較大的弧度飛行，使擊出的球有力，但不出界。應注意的是，不應使球旋轉過分，這樣做會削弱擊出的球向前的力量。

一般地，來球若高於腰部，需減少旋轉或平擊；來球低於腰部即低於網的高度，則需要提拉。提拉時，要給球以某種作用力，使它在飛行中往下沉，上旋能起這種作用，所以應以上旋球對付。

上旋球有三種非常重要的用途：

● 用於大角度擊球

大角度擊球使用更多的旋轉，可以使球飛過網後，落在邊線以內，而不至於因用力而擊球出界。

● 用於「破網」

在對方上網截擊時，使用上旋球可使球擦網而過，使對方難於回擊；或者令球落在對方球員的腳前，迫使對方在低於網的高度擊球；或者採用旋轉控制落球點，使對方難以擊到球。而旋轉本身又使對方難以控制球。

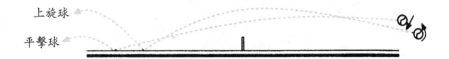

平擊球與上旋球飛行路線之比較

● 用於前場擊球

在發球線前面擊球，與後場擊球不同，場區實際上縮小了，因此，必須採用更多的上旋，以免擊球出界。

記住，旋轉不是用手腕，而只是臂向前擊球時做轉動的結果。不要有意用拍去「擦」球，擊球應該是簡單和直接的。

正手上旋球技術

（三）正手下旋

　　下旋球在上網截擊及削球時運用較多。下旋的運動方式使球下方的氣壓大於上方的氣壓，因此，下旋球又慢又飄；下旋球與地面接觸所產生的摩擦力與球運動的方向相反，因此，球的彈跳高度較小。特別是在草地網球場上擊下旋球，球的彈跳高度有時僅十幾公分，給對方回擊造成很大困難。此外，在放小球及跑動上網的隨擊球時，也常採用下旋球，讓球擦網而過，但要特別小心，不讓球落網。

擊下旋球是自上而下揮拍，揮拍軌跡見下圖。

下旋球揮拍軌跡

　　當來球球速不太快，需要擊強烈下旋球時，可採用削球法，讓拍面向前下方做托盤狀運動。

　　下旋球能打亂對方的進攻節奏，使球慢慢飄過網。但青少年若只能打下旋球，想在比賽中獲勝的機會是很少的，必須用上旋球發起進攻，迫使對方處於被動。老年人打網球則相反，他們往往以省力的下旋球為主，以打落點調動對手跑動來取勝，比賽節奏慢，不太激烈。

（四）反手平抽

　　反手平抽球指的是，與握拍手相反方向的落地球打法，它和正手平抽球一樣，也是網球的基本技術中最常用的擊球方法。

　　初學者一般是先學習正拍後學反拍，這是因為，用右手的人，習慣於在身體的右側做事，正拍的拉拍動作既方便又容易，身體向右轉動已成習慣。正拍有了一些基礎，對球的彈跳規律已熟悉，再學反拍就比較容易。反拍的許多動作要領與正拍相似，只是方向相反，反拍擊球是左眼和右手，由於三叉神經不協調，使人感到彆扭。

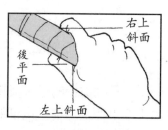

右上
斜面

後平面

左上斜面

東方式反手握拍

最好的反手握拍

　　用東方式反手握拍法來進行反手回球。將手的拇指和食指形成的 V 字形正對著拍柄的左上斜面，大拇指按在前平面上。食指的關節正對著拍柄的右上斜面，腕關節繃緊。這種握拍法有助於你打出強有力的、易於控制的反手擊球。

變換握拍方法由不握拍的手協助進行

在用東方握拍法的情況下，
反手擊球時使用拇指支撐法

揮拍擊球的路線是從後向前上方較平緩的揮擊，擊球拍面幾乎垂直地面，擊球的正後部，用同樣的力量擊球，這種擊球方法的球速最快，球的飛行路線最平直，而球落地後的前衝力量也較大，但準確性較差，尤其在快速奔跑中用平擊球的打法很難控制球的準確性，易造成球失誤或出界。

大陸式握拍法適合於打截擊球、發球、高壓球、反手擊球；西方式握拍法特別適合正手的擊球；東方式握拍法則適合於打反彈球。

由於各種握拍法的不同特點，因此，根據不同的情況，分別使用不同的握拍方法是提高技術的一個方面。

由於使用最多的東方式握拍法存在著反手擊球時不容易握穩球拍的短處，因此，為了彌補這一點，就要把虎口移到拍柄左側的斜面上。

這樣就使拇指的支撐部分增大，這也稱為拇指支撐。這時拇指的第一關節拇指的前端處在與擊球面相反的拍柄平面上，這在擊球時能起到支撐的作用。

實戰中變換握拍方法的時間一般很短，因此，不握拍一側的手要予以協助。以便迅速從正手向反手變換。

【要點】：

① 在以東方式握拍法反手擊球時使用拇指支撐。

② 握拍法的變換由不握拍的手協助完成。

反手平抽球（正面觀）

反手平抽球（側面觀）

（五）反手上旋

當你想擊出難度較大的球時，你就應使球保持很旋轉地飛行到對方球場上。其目的是當球剛越過球網時就要使球下掉或急速落下。

尤其是這種技術的使用能限制上網隊員發揮其作用，當擊出的球增加了較多的旋轉時，你就會認識到你所擊球的深度和滲透力有所減少——在硬地或是草地面的球場上這兩條原則就比在磚場和粗糙的室內地面上更為重要。

這項技術的基本原理完全與擊球技術的基本原理相同。

當然，這兩種技術也有其不同之處，一則是開始動作較低而結束動作較高。對向後揮拍擺動的結束動作來講，球拍最初是在離球較遠的下方，而後較高於擊球動作的上方。在上方完成擊球動作時，朝前揮拍擺臂更陡（反拍擊上旋球動作：對擊強上旋球技術來說，球拍應掉在球的更下方的位置處，並且球拍擊球的結反手上旋球束動作應較轉高

和向前揮拍擺臂的結束動作更陡）。

另一方面則是要想將球撥動得更加旋轉，就應採用轉動手腕來接觸球。大多數的隊員們最初是較多的依靠他們的古典東方式握拍技術來使球拍轉動而獲得擊球的旋轉（在這部分裡，是對手腕動作的基礎進行描述即應稍微後仰球拍來接觸球，這樣對手腕的轉動就有限制作用的傾向）。

在向後揮拍擺臂動作中，由於下掉手腕以致使球拍朝前指向地上而一部分拍面應內扣，這樣你才能轉動手腕擊打來球。最後，就進攻與挑上旋球技術來說，也是以這種技術為基礎的。當然，要想控制住手腕轉動並非是易事，而我們也不鼓勵大多數的隊員都這樣做。

1. 換握球拍

在底線擊落地球過程中，準備動作時一般都是正手握拍，這樣持拍手的狀態比較自然、舒服，況且正反手擊球之間的換握過程在融入條件反射變為一種自動化的動作以後，是根本不會妨礙擊球的。初學者若擔心因來不及換握導致來不及擊反手球而在準備時就用反手握拍，那麼，遇到正手球時不一樣也要換握嗎？

2. 後擺動作

在準備動作的基礎之上，與持拍手同側的腳向來球方向前跨半步至一步，同時以相異一側的腳為支撐向後側轉體（肩、髖一體同時轉），同時後擺球拍。後擺時手腕一定要堅固、穩定，哪怕緊張一些也好。

不要認為輔助手是多餘的而將其吊於體側，應將其扶在

拍體上協助持拍手抬起拍頭，它對於協調轉體與發力、掌握身體的平衡都具有重要的作用，這與正手相似。

後擺幅度皆要比正手稍大一些，因為反手是離心用力，對於許多腰腿部力量不足的擊球者來說，更需要加大後擺幅度、加長加速度的過程來獲取動力，而加大轉體幅度則是加大後擺幅度的根本保障和真正的意義所在。

3. 前揮擊球

反手前揮擊球過程中基本要點（如拍面、自下而上、重心由後腳移至前腳、蹬地發力等等）與正手的差異仍然不是很大，需要重點強調的是轉體的問題。

轉體無論在正手還是反手擊球過程中永遠是第一位要做好的，後擺時轉體到位只要開了個好頭，前揮擊球時能再轉回來與球相對抗則更為重要。

另外，單手前揮時持拍手仍要保持堅固、強勁及不折不撓的前揮勢頭，輔助手可留於身後像展開翅膀一樣幫助身體掌握平衡，也可幫助持拍手扶住拍柄並在前揮時向前推送一下，把單手揮拍變為「半雙手」揮拍。

反手上旋球

（六）反手削球

自初級到中級，再升到高級階段，一定要學精通的就是反手拍削切球。這是在回擊、上網攻擊，或高緩球以至於來回對傳擊球時，無論使用於攻擊或防禦，優點都非常多的打擊。

只要抓住要領就能很簡單的學通，也是這種打擊的特徵。請拋棄掉覺得艱難的想法，以輕鬆的心情來認真學習，等到完全學精通反手拍削切球時，就能夠在比賽中感到從未有過的無比快樂。

反拍削球是一項適用面相當廣泛且經常令對手防不勝防的技術，只要來得及做準備，擊球者幾乎可以在網球場的任何角落運用此技術處理任何來球。

相對於上旋球來說，因為下旋球是反向旋轉的，所以球落地後有一種「彈不動」或「彈不起來」的黏滯感，這是它最具特點、最有利用價值的地方，無論擊球者的意圖是進攻、防守還是控制球路、調動對方跑位，下旋球都有它可發揮的天地。

最適宜於防禦

因反手拍削切球能取得較大的近網截擊防守範圍，所以被打到相當近邊線時也不要緊，姿勢不好不能十分順勢完成後續動作時，只要能使削切的拍面一致就能回擊。

此外，球反彈起來意外的跳得很遠時，即使打擊點落後，若是運用反手拍削切球，由於揮拍含蓋的範圍很深，所以，能充分的予以回擊，在沒有充裕的時間回擊時，就可以發揮效用。

不必要用勁力

不管是上旋球或平抽球，通常在回擊落地反彈球時，因為要揮拍到底，所以，在容易扭轉回上身的打擊手腕動作，或向前推出球後續動作等，都必要用一定程度的勁力。

但是，反手拍削切球揮拍就不必要用力，因為利用的是對手打球的力量。即使未揮拍到底，只要配合球的氣勢確實抓準時間打擊，剩下來的就運球出去了，所以，沒有力氣的女性也能簡單的打擊。

容易控球

以上旋球及平抽球打擊時，要控球在自己瞄準的角度及深度，並不那麼容易。但是，要是以反手拍削切球，只要配合球拍面就可以，因此，用多大的揮拍距離打球，球就飛多遠，比較容易抓到球的距離感，最適宜於打擊角度球及下墜球。

最適於調整自己的速度

速度對反手拍削切球來說算是一項缺點，但是，由於滯留在空中的時間長，所以，最適於調整自己的速度。在與對手快速連續對打中，用反手拍削切球打，就能有喘一口氣的機會，可以當做調整速度使用。為製造以逸待勞展開攻擊的機會，就照這樣經常調整自己的速度。

令對手感到棘手

再也沒有像反手拍削切球那樣，球路又低，反彈起來又刁滑得令對手感到棘手的打擊。想要用上旋球回擊，就非得用力由下向上揮拍一鼓氣揚擊；要用平抽球回擊，則由於打擊點那麼低，發揮不了威力。而反手拍削切球只要球不漂浮，就不那麼容易被攻擊。

記住，這樣對付雙手反拍對手特別有效。

變化擊球節奏

落地反彈球問題用同樣模式是絕對不行，必須使用緩急交叉打擊。對手比自己更高時，就更應該這樣做。要動一點腦筋，發揮各種打擊方式，打出令對手難以捉摸的落地球，這時候反手拍削切球很有效。

此外，不僅在單打，在雙打回擊時混合快速平擊球和反手拍削切球，也會有意想不到的讓對手亂掉攻擊節奏的效果。老是以同樣的打擊方式打球，一下就會被對手看出破綻，在那種習慣性的狀況下，就是再採取攻擊策略，對對手來說仍很容易掌握動作的節奏，要得分就會陷於苦境。

所以，為了不固定節奏讓對手打到球，就要在連續對打擊球中混合反手拍削切球。

（七）雙手反拍

對於初學網球的練習者來說，透過一段時間的學習就會發現你的正拍技術比反拍技術好。即使是當今世界一流的網球運動員，他們的正拍也強於反拍。如果用兩手握拍打反拍，不就等於用兩個正拍擊球了嗎？也許就是因為如此，現在兩手握拍打反拍的人越來越多。

由於用兩手握拍，大大增加了腕力，克服了手腕搖動的弊病，提高了擊球的準確性，同時對還擊對方打來的攻擊性的快速球和深球，有信心頂得住，而且可以成功地有力還擊，扭轉被動防守局面為主動進攻的局面，增加了主動進攻的戰意識。

因為擊球點位置較靠後，再加上背向對網，有較好的隱蔽性，使對方很難觀察出你揮拍動作及擊球出手的角度，使對手不能及早預測和判斷來球的方位、旋轉及速度，造成對方心理上的不安，以致倉促還擊。雙手反拍能在擊球的最後一剎那改變方向，從而增加了擊球的隱蔽性。

兩手握拍打反拍，從引拍開始就要兩手同時動作，同時向前揮拍擊球與隨揮，與身體重心移動軌跡是一致的，於是就能充分利用轉體的力量，把蹬地、轉體和向前揮擊的力量融會在一起，形成一個合力，透過兩臂作用於球上，增加了力量的來源。

另外，兩手握拍力量大，手腕固定，可以用抖腕動作來

還擊，這樣就調節和彌補了拉拍短促的不足，更有利於處理近身球，這些特點是單手握拍無法相比的，因此雙手反拍比單手反拍有一定的優勢。但也有不足之處，因為用兩手揮擊，左臂受身體的限制，影響了右臂的充分伸展，又由於擊球動作結構的影響，擊球點較近，拍子的隨揮走向偏上一些，勢必縮短了伸展的距離，縮小了擊球的控制面，相對擴大了對方攻擊的範圍。

必須加強身體素質的全面訓練，特別要重視心理素質的訓練，提高判斷和預測的能力，做到早起動、步法正確、到位及時，否則就有可能被動挨打。

雙手反拍擊球

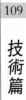

技術篇

雙手反拍擊球

（八）發球技術

　　打球是從發球開始，發球是網球運動中最重要的技術，是網球競賽中唯一由自己掌握並組織進攻的良好機會。發球在現代網球運動中是鑒別、評價技術水準的最重要的標誌之一，是取得競賽勝利的主要得分手段。因此，必須掌握良好的發球技術。掌握良好的發球取決於三個因素：

　　一是速度，就是以較快的速度壓制對方的有力還擊，使對方的還擊變得無威脅、無進攻性，甚至使對方直接失分。在比賽中發球時出現的「愛司」球，其最重要的因素就是速度；

　　二是落點，落點之所以重要，因為它專門打在對方的最弱處，而避開其長處，使對方無論如何也打不出理想的攻擊性球，甚至造成對方失誤；

　　三是旋轉球，這種球速度不快，落點不刁，但由於它落地彈起後改變方向或彈跳又低又短，所以迫使對方跑動還擊，而且又是從低處向上提拉或撮起該球，即使對方充分到位也只是勉強還擊罷了，如稍有遲緩就可能

完美發球連續圖

失分或挑高球過網，給發球者提供進攻的機會。

　　在發球中能掌握好這三者之一，就不致於被動挨打，如掌握其三者之二就可稱謂良好地發球者。否則，就失去發球的進攻意義，就只能是為對方服務，或者是為對方的攻擊提供條件。要掌握好發球的這三個要素，首先要掌握正確的發球技術動作要領。

④揮拍要通過耳朵近處

⑥運用快速的內轉腕部動作

⑤擊球時就像是只擊球的左側一樣

②胸部擴展，將
收身動作放大

①全身放鬆，讓
肘部先行，收身

③讓球拍充分朝
下，用力擊球

要點：
●首先全身放鬆
●收身時肘部先行
●胸部盡量擴展
●球拍充分朝下
●動用快速的內轉腕部動作

辛吉斯發球

桑普拉斯發球

1. 握拍與握球姿勢

握　拍

當你剛開始學發球時，最好用東部式正手握拍法或改進型東部式正手握拍法。隨著球技的提高，以後也可學用大陸式握拍法，即握拍時，拇指與食指的 V 字形部位正對上平面的左上方，食指的關節正在右上斜面上。

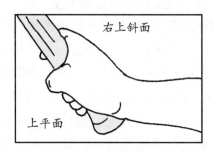

大陸式握拍法

握球姿勢

用不握拍的另一手來握球，握球時用拇指和其餘四指配合。握兩個球時，用拇指、食指和中指握住第一個球；無名指和小指夾住第二個球。

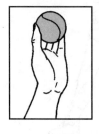

握一個球

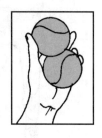

握二個球

2. 準備與站位

心浮氣躁的情況下是很難發出一個好球的。通常的作法是：在發球的位置上做幾次深呼吸，再拍拍球，然後站定準備發球。各人習慣不同，因而穩定情緒的作法也各有異，但這一環節最好不要被略掉，並且應盡量延續至準備動作當中去。

單打發球的站位，右區站在底線後中點的右側，這裡距發球區最近，發球後便於保護全場，左（前）腳距底線約 5 公分，左腳與底線交角約 40 度，兩腳距約同肩寬，右腳與底線近乎平行，兩腳連線對著發球區，左手持球並輕托拍頸在腰部，側身對網，拍面垂直地面自然地指向前方，身體重心在前腳掌上，身體放鬆呼吸均勻，精神集中。

左區發球的站位在底線後中點的左側約 50 公分，左腳與底線的交角略小於右區站位，約為 30 度，兩腳的連線對

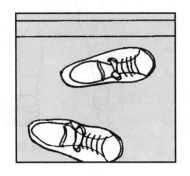

著發球區，因為是從底線的左後方向右前方發球，整個身體和站位的角度都需要向右轉。

雙打發球站位與單打不同，一般都站在中點與邊線的中間，這樣是發球後跑到網前有利位置的最近路線，容易保護雙打的半個場區。

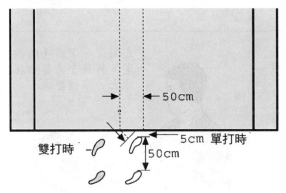

發球的位置

←—50cm

5cm　單打時

50cm

雙打時

無論是從右側還是從左側，都是在離中點
50公分左右的位置上發球

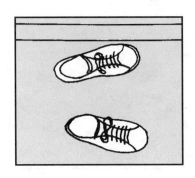

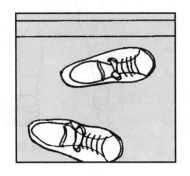

119

技術篇

發球姿勢

　　準備發球時，先站在底線後離中心點左右各 50 公分的距離內。兩腳分開站立與肩同寬，面朝網對面的對手。兩腿膝部微曲，身體重心放在後腳上。左腳尖正對右邊的網柱。當兩手分開時，將重心從後腳移到前腳。注意使手臂和肩膀放鬆。

先研究一下對手的位置，然後全力集中在球上，準備發球

將球依著網拍線握著，使球拍朝著發球區的方向

發球時，後腳蹬地

關於球拍相合。許多初學者喜歡拿起球、拍，走到發球位置後立即就開始拋球並揮拍擊球，彷彿球和拍是不相關的兩樣東西，這顯然是很草率的，最好能改一改。球拍相合，不僅能夠給球員一個集中注意力的提示，告訴自己「我要發球了」，同時也是穩定情緒和整理思路的延續，初學者應該養成此習慣。

眾所周知，發球要發在對角的發球區內才算好球，發球員若站在單打右區發球，那麼球應該落入對面的左區之內，若站在左區發球則球應落入對面的右區之內，靠近發球線的兩個角一般被稱為內側角，靠近邊線的兩個角相應地被稱為外側角。球員在發球之前對球出手後的方向、落點、旋轉、速度等都應做個先期的預算，盲目發球出手無疑是在浪費先發制人的好機會。

3. 拋球

準備動作穩定下來以後，順勢就是拋球及揮拍擊球了。這兩個環節能否配合得好是能否發好球的關鍵，而拋球的質量則又是關鍵的關鍵。位置得當、出手平穩的拋球無異於為揮拍擊球創造了穩定的條件，反之則無異於給下面一系列環節製造了一個動盪的外部環境。很少有人能在前後左右飄忽不定的拋球之下發出保質保量的好球，初學者更是如此，所以學發球的第一步是先學拋球、先練拋球。

（1）拋球的方法：

在準備動作的基礎上，持球手的肘部漸漸伸直並向下靠近持球手同側的大腿，然後從腿側自下而上將球拋起。在整個動作過程中，手臂保持伸直的狀態，其走勢與地面垂直，

掌心向上，以拇指、食指、中指三指將球平穩托起，盡量避免勾指、甩手腕等多餘的手部小動作，以免影響球的平穩走勢，球在空中的旋轉越少越好。球脫手的最佳點在手掌走勢的最高點，脫手過早容易造成球在空中旋轉或晃動，出手過晚則會令球「走」向腦後失去

球脫手的最佳點在手掌走勢的最高點

球脫手的最佳點

控制。脫手時托球的三手指已最大程度的展開，球不是被「扔」到空中而是被「拋送」到空中去的，初學者應對此多作體驗。

（2）球脫手後在空中的位置：

根據不同的需要，球出手後在空中相對於身體的前後位置也不盡相同。一般來說，第一發球強調出球的速度與攻擊力，擊球點較靠前，因此球也拋得較靠前。第二發球較為保守，在保證成功率的前提下強調球的旋轉和控制球的落點，擊球點也就相應後移，因此，球自然要拋得靠後一些，基本上與背弓時身體的縱軸線相一致。

拋球的位置也可參照球落地後相對於前腳的位置來確

「拋送」球到空中

定。一般來說，第一發球拋球後球應落於前腳前一個拍頭的位置上。

（3）拋球的高度：

球拋到空中的高度當然不能低於擊球點的高度，但究竟多高才合適要視個人的情況而定，因為此高度限定了揮拍擊球所用的時間。

從準備姿勢到拋球出手，身體重心還有一個後靠至後腳再前移至前腳的過程，同時髖部前頂、腰背呈「背弓」狀，然後反彈背弓並發力揮拍擊球。

剛剛開始學發球的朋友肯定要面臨總是拋不穩球的難題，沒關係，「再拋一次」是最好的攻關辦法。因為拋球的穩定性建立在一定的手感基礎之上，所以，一般在學發球動作之前最好能專門花一點時間練習拋球，在以後的實際發球練習中也要注意要領，如果偶爾沒有拋好的話，接住重拋就是了，千萬不要勉強發球出手，否則很容易破壞掉辛辛苦苦學來的動作。

前腿膝部彎曲，
減緩重心轉移時
的衝力

肘部放鬆，使拍頭
沿拋球相反方向向
下，回落，保持拍
子與身體的距離

前膝微屈以緩衝
身體的重量向前
移動的壓力

擊球前，靠屈曲
的膝部動作保持
身體平衡

眼睛盯住球：即在
拋球和擊球時，一定要
保證眼睛確實地盯著
球，甚至可能看清球上
的數字符號。

（4）拋球的技巧

　　平擊發球速度極快，
是一發外角球的首選。拋
球位置在頭部前上方，在
高點擊打球的後上部，直
線擊出。

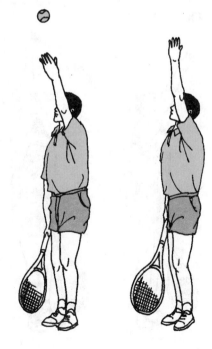

側旋發球易於控制，更適用於二發和發內角球。拋球位置比平擊發球靠外，即偏左側一些（以右手持拍為例，以下同）。

上旋發球落地後會高高彈起並前衝，對手不易接發球搶攻，故高水準的選手多在二發中採用。它的拋球位置較平擊發球稍偏後一些，發球時身體成反弓形，變化在於落點。

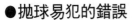

●拋球易犯的錯誤

①拋球動作與向後揮拍擺臂的動作不能協調一致（即寧可左手低於前腿側邊的位置而不願在腿前位置。這樣就阻止了手臂一起向上伸的動作）。

②拋球太低（在拋球中，左臂不能夠完成足夠向上伸高）。

③拋出的球過於在身體後面（身體重心不能向前交移在腳趾上，並且也不能使左手輕輕地鞭打球來代替手臂停留（在空中動作）。

④向後揮拍擺動的弧度受到限制（在向後揮拍擺臂動作中，持拍手腕應向後翻轉，這樣就會引起肘部到達肩水平位置之前而出現彎曲的動作）。

⑤向後揮拍擺動的動作不是在擊球階段中，相反，球拍框頂端不能指向擊球者身後的橫欄方向。

⑥急切地做了向後揮拍擺臂動作和拋球動作（因發球者預先想注視了接觸球的動作）。

⑦擊球手臂的肘部不是在肩水平的位置上，而是在向後揮拍擺臂動作的結束，拋球手臂不能完全的向上伸展。

4.揮拍擊球

（1）後擺球拍：

以準備姿勢為基礎向持拍手一側轉身，同時持拍手引導球拍貼近身體像鐘擺一樣將球拍擺至體後（不一定要直臂後擺但掌心一定要朝向身體）。

發球的關鍵是全身放鬆,因此,要求有柔軟的身體動作。回撤球拍、上拋球、揮拍、隨球的動作,只有所有的動作都得到平衡,才能打出一個能得分的發球。

技術篇

回撤球拍

像「L」字形一樣保持身體姿勢。

發球時的回撤球拍,必須注意胳膊不要全部伸開。因此,必須要注意從肘部開始回撤。為了做好上半身旋轉的動作,右腳要前進一步,先將下半身前傾,上半身保持原樣不動。在不向前邁步時,則需旋轉上半身。球上拋後,雙臂的形狀不應是「V」字形,而應是「L」字形。

（2）背弓動作：

　　球拍後擺至一定高度後（此高度因個人習慣而異，至少大臂不應緊夾在體側），以肘為軸，小臂、手、拍頭依次向體後、背部下吊，同時屈雙膝並伴隨身體後展呈「弓」狀。

（3）擊球：

在屈膝、背弓動作的基礎上自下而上依次蹬直踝部、膝部，反彈背弓並向出球方轉體，與此同時仍以肘為軸帶動手、拍頭擺向擊球點，最後在力的爆發點上擊中拋送於空中的球。發力是自下而上一氣呵成的，其間的快慢由個人掌

技術篇

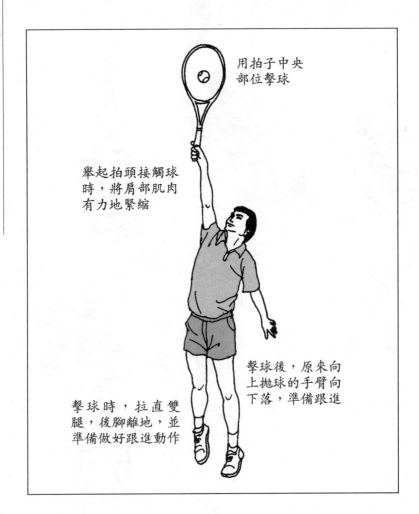

用拍子中央部位擊球

舉起拍頭接觸球時，將肩部肌肉有力地緊縮

擊球後，原來向上拋球的手臂向下落，準備跟進

擊球時，拉直雙腿，後腳離地，並準備做好跟進動作

握，習慣、素質不同速度也就不一樣，但共同的一點是：球拍走勢最快、最具爆發力的一點應在到達擊球點那一瞬間。擊球點時身體已全部面向出球方向，拍面自然地稍向內側以便擊於球的側後部，發出側上旋球或側旋球。

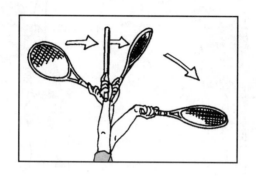

　　球拍擊球的位置在身體右前上方，手臂肘部微屈，身體充分伸直，重心在前腳上，後腳鞋底面正對後擋網。在球拍觸球過程中，要注意體會拍面向上——向前——向下三個運動過程。

球　感
　　為提高發球的準確性，降低發球下網失誤率，可以透過一些練習來增強你的球感。試著練習將球發高、發過網、下網，比較三種不同動作的感覺，以此來加強球感。

（4）搔背動作：

從上面的敘述中可以發現，揮拍擊球時肘部有一個引導小臂、球拍下吊至背後，再以肘部為軸帶動臂、拍擺向擊球點的過程。

這一過程好像在用拍頭給後背搔癢，故被稱為「搔背動作」，其目的是為了持拍手能有一個足夠的獲得擺動速度的過程，為到達擊球點一瞬間力的爆發做充分的準備。

搔背動作完成得是否到位關鍵，要看搔背時手、臂是否得到了充分的放鬆，如果在手、臂十分僵硬的情況下完成此動作，那麼，到達擊球點時球員一定會感到整個身體的彈性都已被破壞掉了，發不出力也就在情理之中。

（5）擊球點的位置：

球員手持球拍在空中所能爭取到的最高一點就是擊球點。弓背積蓄力量及蹬地、發力示意是一個比較理想化的說法，因為根據第一發球和第二發球的不同需要，擊球點是相應有前後變動的，但「力爭高點」卻是在選擇擊球點時最基本的原則。有了「制高點」，不僅動作可以最大限度地、舒展地做出來，更重要的是在控制球路和球的落點以及對球施加壓力上，高點擊球有著顯而易見的優勢。

力爭高點擊球

球的飛行

球從底線處向對角線上對方發球區呈弧線飛行，落地後，球向對方底線處彈起。

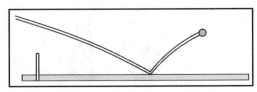

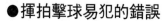

●揮拍擊球易犯的錯誤

①球拍不應掉離身後太遠（即下掉球拍可採用變化手腕的動作，而不應採用在肘關節處彎曲手臂的動作來下掉球拍）。

②球拍在觸球之前，身體右側向前轉動太快。

③寧可採用低手擊球動作來擊球，而不願用高手擊球動作來擊球。並且採用手腕的揮動動作不夠。

④所擊出的球太硬，並且弧度不夠（意思是指身體的放鬆動作做得不夠，而且向前揮拍擺臂的動作放鬆不夠，致使全身「肌肉」出現緊張狀態）。

⑤身體姿勢失去了平衡（這是因左腳不能支撐站立在平坦的地面上所致）。

5. 隨 揮

擊中球時雖然揮拍擊球動作已告完成，但整個發球過程卻仍在繼續。到達擊球點後球員應順著身體及揮拍的慣性做收腹、轉肩和收拍的動作，最終拍子由大臂帶動收向持拍手的異側體側，結束發球動作。這一過程被稱為隨揮，即隨球揮動。

很多初學者往往習慣於將拍子收於持拍手同側的體側，這不僅有違於發力、轉體的慣性，更多的情況是擊球者很容易將拍頭敲在自己的小腿腔骨上，從而造成傷痛。非持拍手在送球脫手後不應立即放下或緊夾於體側，而應幫助身體掌握平衡，並在隨揮結束時接住已處於末勢的球拍。

網拍向下擺動
至左腿側

跟進時，保持
眼睛注視球

●發球要點

①站穩支撐腳。

②要考慮發球的速度、落點和旋轉。

③利用腳和身體的彈性。

④在兩次發球之間要積攢力量。

⑤注意節奏和姿勢。

⑥使用適合自己的發球方法。

6. 發球的步法特點

發球時，不論是在右區或在左區發球，都要保持右腳的腳尖指向右網柱，並且兩腳尖的連線指向相應的發球區。開始揮拍前，重心在前腳，然後隨向下、向後的揮拍而同時將重心後移，再隨著上舉球拍向前蹬腿，利用重心前後移動的力量來增加發球速度。

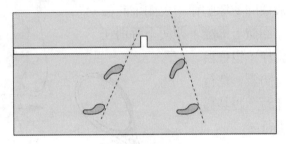

發球站位步法

另一種是後腳靠近前腳的發球步法。隨著上舉球拍的結束，準備向上擊球之前，讓後腳靠近前腳，平穩地向前移動重心，保持雙腳同時向上發力擊球。

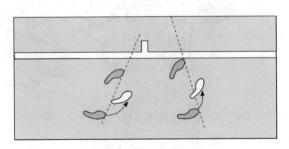

後腳靠攏前腳發球步法

揮拍不是腕部單純的從右向左的動作，而要使球拍靠近耳的附近，然後做內轉動作，揮拍也就自然地向右方旋轉了。無論是哪種球，擊打球的左側總是關鍵的一點（慣用左手的人打球的右側）。按這種揮拍軌跡進行快捷的腕部動作，就能加快球的速度。在最後的隨球動作中，如果能將腕部向左回撤，那麼，即使不特別注意腕部動作，也會自然地進行防禦。進行腕部動作時，將其靠近耳朵進行。

進攻的時候手腕外翻

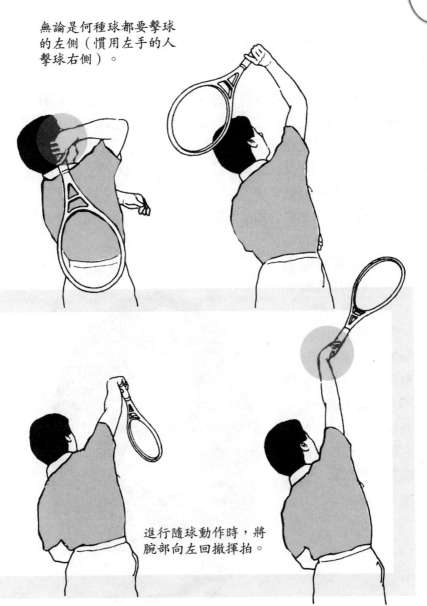

無論是何種球都要擊球
的左側（慣用左手的人
擊球右側）。

進行隨球動作時，將
腕部向左回撤揮拍。

（九）正手截擊

當在中場或網前判斷對方的來球是一個平球，需用正拍截擊時，身體重心移向右腳的同時，握拍的右手向後擺的動作很小，幾乎不超過自己的身體（來球愈快，後擺動作愈小）。左手指向來球，保持身體平衡，左腳向右前上跨步的同時，右手揮拍迎擊來球，拍頭始終高於手腕，拍面對準來球，手腕固定，稍用肩和前臂動作向下擊球，擊球點在身體的右側前方。

動作簡捷而有力，一般的截擊球都是下旋切擊，擊球後的隨球動作也很小，一般不超過中線，迎擊很快的來球，若來不及左腳向前跨步，身體重心就必須移向右腳，從而保證向前的有利擊球點，快速加力還擊。

The foreha.
slice was
once a staple
of the game.
No more.

改進的大陸式握法

屈膝

開始轉肩

保持你的腳與肩同寬，
重心在前腳掌上。

重心在這條腿上。

當你向前移動時降
低重心。

向前一步，
重心移到前
腳上。

正手截擊

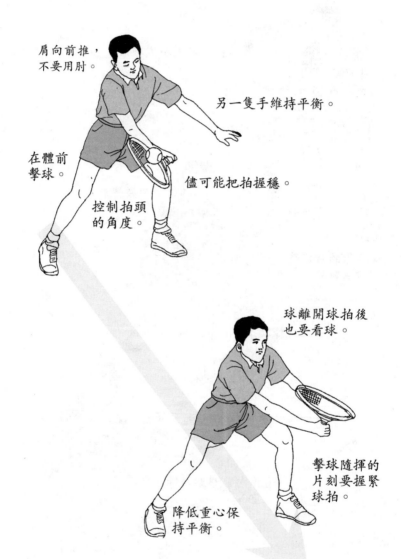

肩向前推，
不要用肘。

另一隻手維持平衡。

在體前
擊球。

儘可能把拍握穩。

控制拍頭
的角度。

球離開球拍後
也要看球。

擊球隨揮的
片刻要握緊
球拍。

降低重心保
持平衡。

雙打迫使你練習截擊球

由雙打比賽去練習你的截擊球，是改進技術的好方法，因為雙打經常要迫使你向前移動去擊球。

壓緊球拍

擊球時要握緊球拍，對手打過來的球的力量和你截擊回去的力量一起都加在球上。

球的飛行

在正手截擊下，球只有一次飛行。在球過網時試著接球，並朝對手場上回擊。

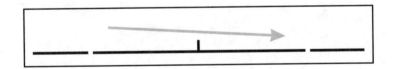

位置、腳步與手形

開始時，用東部式正手握拍法會令你感到更自信，你只要將手掌放在拍後，就像和拍握手一樣簡單。

隨著球技的提高，掌握大陸式握拍法，令你在發球時有更多的變化，你只要將食指分得更開些即可，這樣可以令你在擊球中增加你的球感。

技術篇

易回的球

回擊一個位置正好的球時，只要轉過右腳，同時左腳向前邁一步，使兩腳間的線路與來球方向平行。

遠身球

回擊一個遠身球時，以右腳為軸轉動身體，左腳跨出一步，上身轉動以保持平衡。

近身球

以左腳為軸，右腳向後退，使身體側開，身體重心前移。

（十）反手截擊

　　當判斷來的空中球飛向你的反拍，需要做反拍截擊時，身體重心移向左腳的同時，向左轉體，握拍的右手在右側做一個很小的後擺動作，左手放在拍頸處，隨著右腳向左側前方跨出，用反拍向前迎擊來球，手腕固定，拍頭高於手腕，稍用肩和前臂動作向下擊球，擊球點在身體的左側前方。

　　擊球後，有一個很短的隨擊動作，如對方來球很快，右腳來不及向前跨步，身體重心應迅速移向左腳，以保證迎前截擊動作的完成，做出有力的反拍截擊。

時刻保持網拍拍形，
準備好向前出擊。

在截擊過程中，眼
睛時刻注視來球。

向下截擊
球時，放
開另一隻
撐手。

雙腳分立保持平衡。

球的飛行

　　與正手截擊球一樣，反手截擊球只有一次飛行，在球過
網後的適宜高度接球，並朝對方場上回擊。

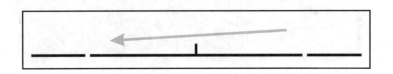

（十一）高壓球

　　高壓球是指在頭上用扣壓的動作完成的一種擊球方法。無論在單打或雙打比賽時，當你衝到前場擊球，對方常用挑高球調動你，使你無法靠近網進行有力地截擊，因此，你必須學會高壓球技術。但高壓球常常被人忽視，主要原因是許多人認為它只是一種力量的打法，而沒有認識到它也是控制落點、直接得分的有效武器。

　　在現代網球競賽中，高壓球技術的運用往往是被作為決定性的武器，不到不得已的情況，球員是不會給對方這種機會的。

　　從心理角度來說，打高壓球是一種戰術，如果打成功了一個漂亮的高壓球，頓時會精神大振，出現最佳的競技狀態，而使對方產生恐懼心理，總要提醒自己「要避開高壓球」。對方若有這樣的心理狀態就打不出攻擊性的球。反之，如果自己打失誤一個完全可以得分的高壓球，也會懊喪，還可能會影響其他技術的發揮，所以必須掌握好高壓球技術，並把它作為戰術，靈活運用到

比賽中去。

高壓球技術與截擊球技術是密切相關的，在比賽中如果運用上網截擊球技術時，就必須學會打高壓球，否則對方就會用挑高球將你打敗。若掌握了高壓球技術，在上網截擊球時，就不會顧慮對方運用挑高球技術。因此，為了加強網前的攻擊力，必須使截擊球與高壓球技術同步提高，從而提高網前的威力。

高壓球可分為凌空高壓球、落地高壓球、前場高壓球、後場高壓球等幾種，其動作與發球相似。

凌空高壓球指的是不等來球落地，在空中就將其扣殺回去，此種球殺傷力極大，但擊球者需具備良好的空中定向、判斷能力及熟練而精準的腳步移動能力，對初學者而言有點兒勉為其難；落地高壓則相反，一般是在來球雖高但飄忽不定或很難取到最佳點將其凌空擊回去的情況下，讓球落地反彈後再尋高點扣殺，初學者可以此為練習高壓球的手段之一；前場高壓球因為位置靠近網前，所以，基本上是應該得分的，除非大意失荊州或技術實在太糟糕；後場高壓球一般是在上網後被對方反擊一個超身球（過頭球）情況下的搶救性措施，雖看起來有些被動，但發揮好了一樣可以重創對手乃至得分。

1. 完美的高壓球

跳起的高壓球代表一組動態的畫面，它使你解決難以企及的高度問題和應付深的高吊球。要想打好這種球，先訓練從側身位置快速、敏捷地後退的能力，並訓練腿部彈跳的能力。在跑動的過程中運用側身跑或斜線跑。

球的飛行

在近網處 A，變換網拍角度，使你的高壓球著地後朝你的對手頭上方飛行。若在遠處後場 B 位置，將球打得深一些。

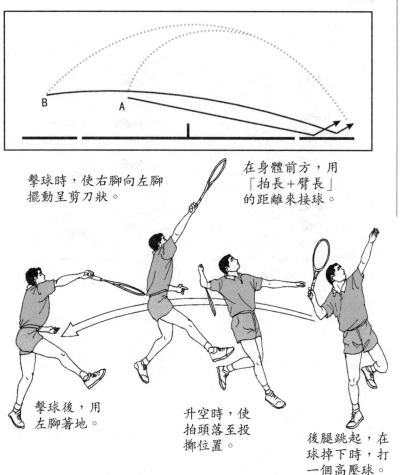

擊球時，使右腳向左腳擺動呈剪刀狀。

在身體前方，用「拍長＋臂長」的距離來接球。

擊球後，用左腳著地。

升空時，使拍頭落至投擲位置。

後腿跳起，在球掉下時，打一個高壓球。

2. 腳步動作

　　要快速地沿球飛來的方向打高壓球，在自己處於球後下方的位置時，要保持側身對球。側步和交叉步都會使你處於正確的位置。側步的腳步會簡單一些，而交叉步需要更多地練習。

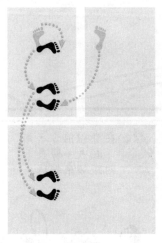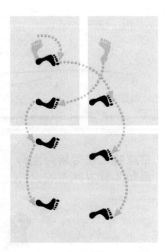

側 步　　　　　　　　　　交叉步

戰術篇

發球戰術

網球比賽的發球是進攻的開始，而不是比賽的開始。準確而有力的發球是打好網球的基礎。取得發球局的勝利是贏得比賽勝利的關鍵。因此，應當設法把握住發球這一主動進攻的機會。以下三點是發球中常用的戰術：

①發球者應盡量將球發到接發球員的薄弱處，通常是其反手。

②發球者可偶爾將球發到對方較強的一邊，使其措手不及。

③當發球者發現對手為防守一邊而站在較偏的位置時，可出其不意地發到另一邊。

發球上網戰術

發球上網，也是主動進攻的戰術之一。發球者發出一記有威脅的平擊或旋轉球後，迅速上網，在第一截擊位置（大多在中場附近）將球截擊到對手的底線反手角或底線中間位置上，再迅速沖到網前準備打出致勝的一擊。

隨球上網戰術

在底線與對手往返對攻的過程中，對手一旦出現短球，應立刻抓住時機將球打到對方底線反手深處，同時隨球上網，準備迎擊下一個截擊球。

底線戰術

如果對方反手差，可以連續攻其反手，再出其不意地打一個正手，然後再攻其反手，造成對方失誤。

如果對方腳步移動較差時，先打兩邊球，使對方左右奔跑疲於應付，再突然放一個網前短球，造成對方腳步混亂而失誤。

打小斜角球，讓對方向斜前方跑動救球，使其擊球時不便發力或跑出邊線外，再將球打到另一邊而得分。

底線一點打兩點，即用正手打對方的反手和正手，調動對手跑動，消耗對手的體力。

打回頭球。在底線對攻過程中，當你用底線球將對手壓在正手或反手底線時，幾個回合之後，當對手向右跑時，就打一個左邊的回頭球，當對手向左邊跑時，就可以打一個右邊的回頭球，由於對手判斷上的失誤，造成被動或失分。

如果對手底線正手和反手技術都很好，使你十分被動時，你可以打出半高的球或挑高球到底線，破壞對手的進攻節奏。

破網戰術

當對手上網時，應採用破網戰術，即兩邊破網和挑高球來應對。破網的角度要大，挑高球要挑得深。

接發球戰術

當發球員發球後立即上網時，除非非常有把握，接發球者一般不易直接破網得分。打出剛剛過網的低短球，造成對

方截擊困難，從而為破網得分創造機會。

　　發球員發球後不上網時，接發球者一般應攻其反手底線。如對方回出淺球時，應立即隨球上網。

　　接對方第二發球時，接發球者應向前站些，因為第二發球的球速比第一發球相對要慢一些。如果其發球落點淺，球彈跳較高時，接發球者要積極迎上去，將球打向對方空檔處或對方的腳下來爭取主動。

（二）球員在球場上的常見弱點

要想在網球場上贏得勝利就要做到知己知彼。任何形式的競爭事實上都是己之長短與彼之長短的競爭，找準切入點和抗衡點，是贏取勝利所必須的前提，否則一切戰略戰術的制定都將是盲目的。

那麼，球員在網球場上究竟會有哪些長處、哪些短處呢？下面將就球員在網球場上容易暴露出的一些短弱之處做較為詳細的分析，它們很帶有普遍性，大家可以透過它們來對照、比較自己，逐漸培養自己迅速而準確地發現自己、發現對手弱點的能力，並且努力在訓練和實戰中補短攻弱，這才是最終要達到的目的。

短弱之 1：反手弱於正手

這是普遍存在的現象，無論在網前還是底線，多數球員總是不能令其反手與正手一樣地出色，因為反手比正手需要更早的準備、更精確的步法、更完全的轉體、更強的手臂及背部力量、更好的協調性等等。

由此，在比賽中根據對方正反手相差的懸殊程度，可決定自己集中強攻其反手的密集程度。

短弱之 2：難回落點深且彈跳高的球

可以想像，若對方擊過來的球每個都落在己方底線附近，並且落地後會高高地反彈跳起，那麼，己方要想搶到一個合適的擊球點是不太容易的，很多時候只能退後再退後地

疲於應付，上網進攻的機會更不容易覓到，揮拍回球也借不上對方來球的力道而要靠自己發力。

另外，如果球的落點很深，那麼，相對於落點淺的球（落點在發球線附近的球）而言，接球者跑動、防守的範圍無形中就大了許多，回球難度隨之增加。所以，抑制對方攻勢，讓對方難施解數的最有效的方法之一就是「將球打深」，所謂「御敵於千里之外」吧。

在網球比賽中有時候深比狠重要、球的落點比球速重要，控制對方最終才能戰勝對方，初學者可以先試一試，體驗一下遠離底線擊球的感覺是不是很難受。

短弱之 3：難打擊球點與肩部同高或再高一點兒的球

沒幾個人喜歡在這個高度擊球，除非在網前占據有利地勢的時候，因為一般擊落地球都是靠蹬地、轉體發力，而腰部是中心和樞紐，相對於擊肩部或再高一點兒網球而言，擊球點與腰部同高時，擊球點到腰部的直線距離最短，力臂也最短，相應的在轉體發力時就最省力，反之則相反。

所以，應該利用擊上旋球技術，經常送給對方一些落點深且可以高高彈跳起來的球，讓對方總是在肩部附近的高度擊球，這樣會令其感到彆扭、發不出力，回球的質量自然要打折扣，此種情況下己方不就有機可乘了嗎？這與第二點是有相通之處的。

短弱之 4：高過肩部的反手球難打

這是第 1、第 3 點的綜合。

短弱之 5：難打追身球

球員身上都有一些被稱為「死角」的區域，這些區域集中於球員身體正中線附近，比如胸部、腹部，特別是偏反手一側，球拍回防起來極彆扭。

追身球在上網時遇到的比較多，因為回球者時常會將上網者身體的「死角」作為大力攻擊的目標，而上網者除非反應極快，腳步也極敏捷，否則手中的球拍最多只能做防身護體的盾牌之用，想在攻勢上反給對方以強大的壓力幾乎是不太可能的。

對付追身球最好的辦法是不讓來球靠近自己，這就要求擊球者在準備過程中精神保持高度的緊張和警惕，擊球時盡力搶前點、早擊球，做不到這些的話就只有被動挨打了。

短弱之 6：難打腳下球

這也是相對網前截擊而言。己方上網以後，對方完全有可能利用強烈的上旋球回過來一記直奔你腳邊或腳前的球，這時候需要己方最大限度地降低重心、降低持拍手及球拍整體（不僅僅是拍頭）的位置，並且運用凌空截擊或反彈球技術去迎擊來球。

而迅速降低重心不僅是「能不能」的問題，它更是一種條件反射，要依靠平日養成的習慣自動化地去完成，遺憾的是許多人特別是初學者並無此習慣，於是就只好吊下拍頭像掃地一樣把球掃回去，結果常常是掃到了網下。

另外，即便是降低重心把球平穩地回過了網，但由於球拍走勢是自下而上托球過網或拉上旋過網，所以，球過網時

正處在上升的勢頭，而這正好像是撞在了槍口上，對方幾乎可以「一錘定音」解決問題。

有的球員遇到腳下球時會用擊落地球的打法將球回過網，也就是在擊球點很低的情況下將球強行提拉成上旋，使其在短距離內不僅走一個高弧頂以保證其過網，而且過網後速度快、落點刁鑽，具備一定的殺傷力。

這種回球方式要求球員必須掌握嫻熟、精準的提拉上旋球技術，並且以強勁的腕、臂、腰背爆發力為配合，對於初學者來說似乎難度有些太大了，最好慢慢為之，否則容易受傷。

短弱之 7：難防回頭球

回頭球就是重複路線的球，之所以難防要從場上的步法移動談起。網球場上反應及移動速度的快慢、步法靈活與否，在很大程度上取決於球員起動與回動（即急跑、急停、急變向）速度的快慢。

因為網球場方圓面積有限，很少會有機會讓球員做長距離的直線奔跑，多數時候是三兩步、頂多四五步的短距離快速移動，在這種情況下如果球員像輛破自行車一樣該走時掉鏈條蹬不起來，該停時又剎不住車，那可想而知會是什麼結果了。許多初學者甚至許多不太高明的專業選手恰恰就有點兒像這樣的破自行車。由此，在調動其奔跑的同時多打幾次回頭球正可以讓對方傷腦筋。

短弱之 8：難打主動發力球

比賽中常會有這樣一種情況：危難之下球員急中生智，

有可能會扣出一記漂亮的回擊，而某些四平八穩飛過來的毫無威脅的球，卻在回球者的猛抽之下以失誤告終。

為什麼呢？實際上這種球無異於對方送過來的陷阱，回球者往往被其外表所迷惑隨之奮不顧身就跳了進去。

因為沒有人見到能得分的良機會不心動，而得分最痛快、最氣貫長虹的方式非強力和強攻莫屬。

可是球員一逞強肌肉就會格外緊張，動作就容易變形，反映在拍面拍型上便是失去控制，這樣一來失誤也就很容易出現了。這是主動發力球難打的表現之一，高水準比賽中此種情況屢見不鮮，初學者遇到的就更多。

還有一種情況是：常打球的人都非常討厭又慢、又軟、彈跳又高的來球，因為如果對方與你對攻，那麼，你至少可以借力打力地把球回擊過去，而對付這種慢、軟、高的球在回擊時是借不上力的，自己主動發力又十分彆扭也十分地耗費體力。

若在比賽中遭遇善打這種球的對手，他（她）總是把球軟綿綿地送過來讓你自己發力攻，那麼一旦「上當」，你將不僅是在替對手節省體力，同時更是在給自己增加失誤的機會。這兩種表現是有相似、相通之處的。

以上是一些球員在網球場上比較容易暴露出來的短弱之處，當然，僅僅 8 點絕對是不全面的，時間、地點、環境、對手實力、自己的訓練情況、身體狀況、心理狀況等各種因素的變化，都可能導致球員出現這樣或那樣的問題。

球員所要做的首先是分析自己、了解自己，立足於此，再去觀察對方、了解對方。自己的短弱之處並不可怕，也沒有必要去怕，怕的是不知道對手也有短弱之處，不知道自己

在比賽中唯一的任務就是全力以赴，向對手的短弱之處發起最集中的攻擊。

　　如果你已經能夠了解到對手及自己短在何處，難道還發現不了雙方的長處在哪裡嗎？

（三）全能選手攻略

1. 攻前後

讓對手反方向移動後再吊網前球。

「攻前後」戰術的典型形式是：①打一個稍短的對角球；②對手接回這個球後必定要返回中線處，在他往回跑的瞬間，攻一個網前球。

「攻前後」戰術還可以採用下列打法：①打深球逼對方撤到底線後接球；②突然放網前小球。

但是，這種打法如果把握不好，不易奏效，因為對手接回第一個長球並在返回中線時，剛好是自然向前跑動的狀態。如果你第一次打不出相當深的球，則往往不會出現吊網前球的好機會。也就是說決定能否放網前球，在很大程度上都取決於前一球打得是否有質量。

在對攻中，如果對手不輕易出現失誤或自己抵擋不住對手的攻擊時，可採用「攻前後」的戰術。從網前小球將對手調動到網前，然後打出穿越球或是放過頂高球而爭取得分。

一般選手是以打底線球為主，而往往對網前球感到棘手。當遇到這種選手，憑借底線打法找不到突破對方的方法時，即可採取把對手從底線逼到網前來打的策略。特別是在女子比賽中，選手不僅截擊球技術差，高壓扣球也大多感到棘手，此時放小球，將對方調動到網前來，然後放一個高吊球，應是相當有效的打法。

①首先用短斜線
的削球使對方向斜前
方奔走。

戰術篇

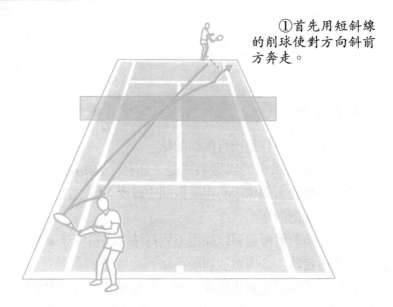

②然後用深
直線削球驅動對
方。這種戰術不
僅使雙手握拍的
球員無法強打，
而且使對方在球
場內長距離來回
跑動，持續消耗
體力。

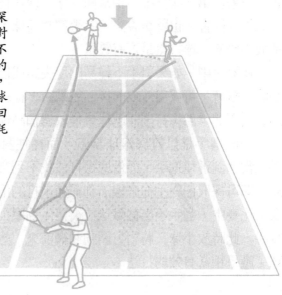

2. 攻左右

無論擁有多麼強有力的進攻，企圖從底線一下打死對方都是相當困難的，而且還會很容易造成失誤。底線型運動員要取分不應靠一拍，而應考慮戰術，也就是說，要靠創造機會，打出落點漂亮的擊球才行。

要擊出有角度且難以回擊的球，將對手逼出場外，為自己創造打空檔的機會。

典型的攻左右戰術：①打出角度很大的後場球，將對手逼到場地外接球；②根據情況，再把對方回擊過來的球擊到某空檔的位置上。

這裡要特別提醒大家注意的是，不要打中場的角度球。一旦打出中場球，特別是打到對方正手方向的中場球，就會使對手的反擊範圍一下子變得很寬廣，這無疑是送給了對方一個他希望得到的機會，你的對手就可以從容不迫地在你的「死亡線」上打出非常斜的對角線球。

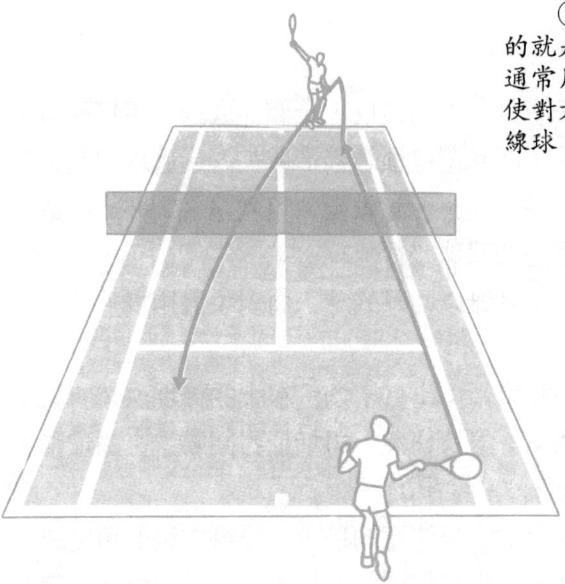

①辛吉斯最自信
的就是連續對攻。她
通常用正手直線球誘
使對方向反手側打斜
線球。

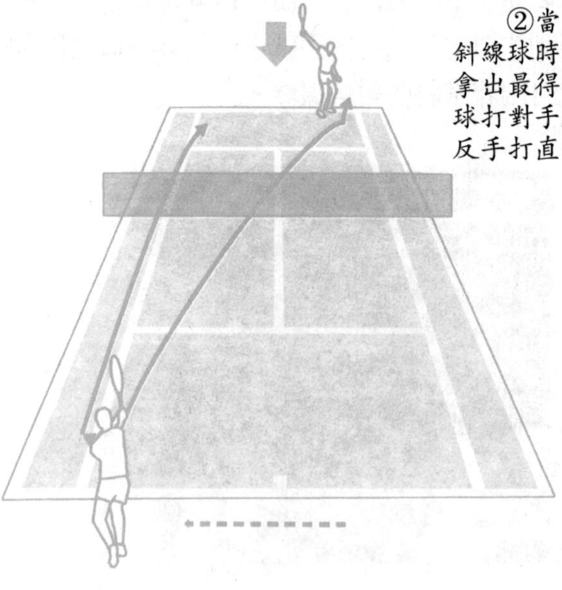

戰
術
篇

②當對方果眞打來
斜線球時，辛吉斯立刻
拿出最得意的正手斜線
球打對手反手，然後用
反手打直線球得分。

3. 打深球，不給對手機會

在底線打法中最重要的一條原則就是要打深球。如果你將球打得很深，對手必須在底線後面接球，不可能返回非常有角度的球，也就是說打深球就把對方攻擊你的危險性降低了。從對手接回給你較容易接的球開始，你的機會就來了。

底線抽球正手占 70%～80%

反手占 20%～30%

一般選手，恐怕有 90%的人都是正手技術比較好。即使是職業比賽中速度很快的球，也有不少可以到正手位來打。在比賽中要儘可能使用自己最拿手的技術，這是基本原則。

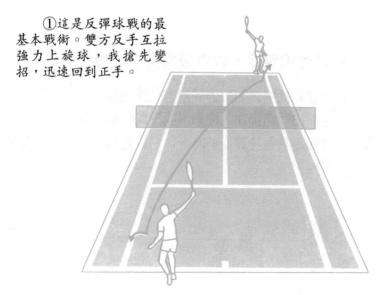

①這是反彈球戰的最基本戰術。雙方反手互拉強力上旋球，我搶先變招，迅速回到正手。

戰術篇

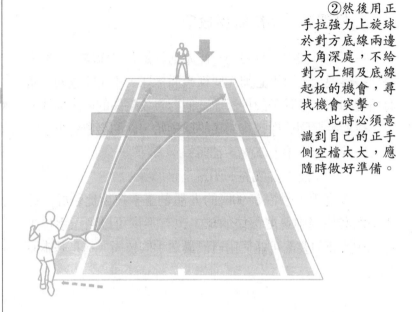

②然後用正手拉強力上旋球於對方底線兩邊大角深處，不給對方上網及底線起板的機會，尋找機會突擊。

此時必須意識到自己的正手側空檔太大，應隨時做好準備。

4. 打對角線球，以求破壞對手的身體姿勢

在連續對抽中，如果遇到對方打來淺球，一定要抓住機會，快速擊出對角線球，把對手逼出場外擊追球。這樣一來當對手往回跑調整身體姿勢時，你可以輕鬆地將球打在對手空出的場地上。

（四）利用發球變化控制對手

1. 變換發球落點

發球時，站在靠近端線中點標的地方，這樣可以取得最近的距離去截擊第一次空中球。發球要深，一般發向對方軟弱的一邊，大部分運動員的弱點都是反拍。

第一次發球不要冒險發那種企圖直接得分的「愛司」球，而是用自己最大速度的四分之三即可，但要帶旋轉，使球能完全地落在場內。如果在右區發球，最好瞄準內角發，使球到對方的反拍（在左區則相反）。這樣發球的好處是：對方用反拍回球困難，也減少了自己封網的角度。絕大多數

人反拍接發球時打直線，如果自己是右手握拍，則應當作好反拍截擊的準備。

發球時不能老瞄準同一個目標，而要不時地將球發向外角以變化落點，外角球可把接員球拉出球場，使他只能打出弱而輕軟的球，如果回擊一個直線球，那麼，發球上網隊員就很容易截擊，若用反拍截擊就可直接得分。

在發球之前就應該決定發球後是否需要上網，如果決定發球後上網，那麼，發球時需要將球拋在身體的前面，擊球後，人就會自動地進入場內，作好快速上網的準備。第一次發球失誤後，第二次發球速度相對要慢一些，加些旋轉，避免雙誤。高水準運動員應做到第二次發球後照樣上網，但水準一般的運動員或是初學網球者則應該留在後邊，等待淺球，看準時機上網。

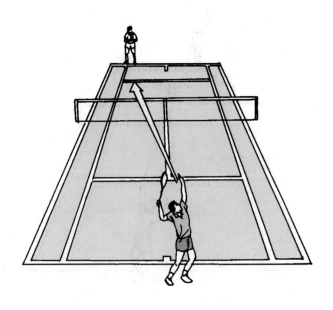

2. 變換發球的位置

許多網球隊員發球時，總是站在一個固定的底線位置上，從不改變發球的位置。然而一個聰明的隊員則知道由改變發球的位置來取得優勢。因為這種戰術迫使對手必須從不同角度來判斷不同旋轉的球，回球的難度會大得多。

例如，發球時，站到底線靠近邊線的位置，發出一個大角度的球，這樣對手不得不用反手去擊球，一般情況下對手只能擊回到發球人的正手位置，如果發球人的正手截擊技術正是優勢所在，那麼，發球人上網後，就很容易地用截擊球技術攻擊對方，並有可能直接得分。

稍微變化一下發球的位置

若感到自己的發球可能利於對方回球或容易讓對方抓住時機的話，就往左右稍微移動一下發球的位置，這也是一種有效的戰略。

169

戰術篇

改變發球的位置，總能為你發內旋或外旋球提供一個更大的角度，並且使你能更迅速地在發球後上網。這種戰術使對手總在猜想你，究竟將球發在什麼位置，對手腦子中產生這種狐疑，正是控制場上局面的第一步，為你在下次的擊球發動進攻提供了條件，為保證進攻得分奠定了基礎。

雖然還是同一種球，但位置的變動會導致接球的選手無法抓準時機，接球時會猶豫而無法及時做動作。注意，在變動發球位置前，一定要先通知自己的同伴。

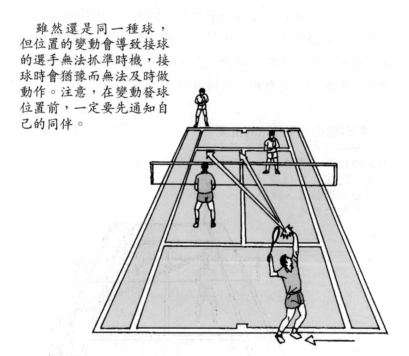

規則篇

1. 球的大小、重量和彈力

球為白色或黃色，外表毛質均勻，接縫沒有縫線。球的直徑是 6.35～6.67 公分，重量是 56.7～58.5 克。球的彈力為：從 2.54 公尺的高度自由落下時，能在混凝土地面上彈起 1.35～1.47 公尺；如果在球上加壓 8.165 千克時，推進變形應大於 0.56 公分，小於 0.74 公分，復原變形應大於 0.89 公分，小於 1.08 公分。此二變形值為對球之三軸所施的各試驗讀數平均值，每二讀數不得相差 0.08 公分。

2. 球 拍

球拍如不符合下列規格，則不得在比賽中使用。

（1）球拍的擊球面必須是平的，由弦線上下交替編織或聯結組成，其組成格式應完全一致。每條弦線必須與拍框聯結，特別是穿線後其中心密度不能小於其他區域密度。

弦線不應有附屬物或突起物。如有附屬物，只限用以限制或防止弦線的磨損、振動或分散重力，其大小和布置均應合理。

（2）拍框和拍柄的總長不得超過 81.28 公分，總寬不得超過 31.75 公分。拍框內沿總長不得超過 39.37 公分，總寬不得超過 29.21 公分。

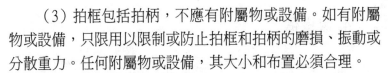

（3）拍框包括拍柄，不應有附屬物或設備。如有附屬物或設備，只限用以限制或防止拍框和拍柄的磨損、振動或分散重力。任何附屬物或設備，其大小和布置必須合理。

（4）拍框包括拍柄和弦線，在每一分的比賽期間，不應有任何可使運動員實質上改變其球拍形狀或改變其重力分配的設備。

　　註：這是自 1981 年以後制定的新規則。以前並不存在關於球拍的規則，由於出現了在普通的弦線上再纏一層弦線，使球能產生特別的旋轉，以便戰勝對手，結果使比賽造成混亂的事情發生。

　　另外，隨著技術的不斷革新，球拍也在逐步地加大，為制止這一傾向的發展，特制定了這條規則。

3.發球員和接球員

　　運動員應各自站在球網的一邊，先發球的運動員叫做發球員，另一邊的運動員叫做接球員。

　　但是，對發球員站立的位置有限制，而接球員可以站在自己場地一側認為合適的位置上。

　　發球員和接球員在每一局結束後交換發球權。在 1、3、5 單數局後交換場地。

　　此外，發球員與接球員以網為界，球網不屬於任何一方。因此，可以在網前自己一側自由活動，但在球拍、身體、服裝、鞋等觸網時為失分。

4.選擇權

第一局比賽用擲錢幣的方法來決定選擇場區或首先發球權、接發球權。得勝者，有權選擇或要求對方選擇。

（1）選擇發球或接發球者，應讓對方選擇場區。

（2）選擇場區者，應讓對方選擇發球或接發球。

在雙打比賽時，發球方一般會選擇發球權。在單打比賽時，由於可能會因身體未活動開而造成失誤，所以，也有人首先選擇接發球。

由擲幣決定選擇權

5.發 球

發球應按下列方法將球
發送出去：

發球員在發球前，應先
站在端線後、中點和邊線的
假定延長線之間的區域裡，
然後用手將球向空中任何方
向拋起，在球接觸地面以前
用球拍擊球（僅能用一隻手
的運動員，可用球拍將球拋
起），球拍與球接觸，就算
完成球的發送。

違反了本條規則，如果
是第一次發球，判為發球失
誤，如果是第二次發球，則
判為二次發球失誤，發球員
失分。

做好發球姿勢的一瞬
即為發球開始

球拍與球接觸的瞬間
即為發球結束

黑色的腳形範圍為違例

6. 腳誤

發球員在整個發球動作中，禁止下列行為，如有違反，判為腳誤。出現腳誤時，第一次發球為無效，第二次發球為二次發球失誤。

（1）不得通過行走或跑動改變原站的位置

發球員發球時如兩腳輕微移動而未變更原位，不算行走或跑動。

兩腳只準站在端線後、中點和邊線的假定延長線之間，不能觸及其他區域。

（2）腳是指踝關節以下部分

允許發球員橫向活動的範圍，在中點內側到邊線外側的假定延長線之間。

做好準備發球的姿勢後，在擊球前，
腳步故意向前移動（失誤）

腳踩到邊線之外（失誤）

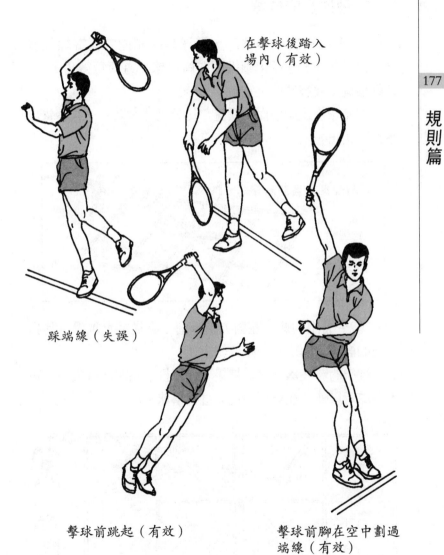

在擊球後踏入場內（有效）

踩端線（失誤）

擊球前跳起（有效）

擊球前腳在空中劃過端線（有效）

7. 發球員的位置

（1）每局開始發球時，發球員應先從右區端線後發球；得（失）1分後，應換到左區發球。這樣每得（失）1分就輪流交換發球的位置。

如發球位置錯誤而未察覺，比分仍然有效；一旦察覺，應立即糾正。

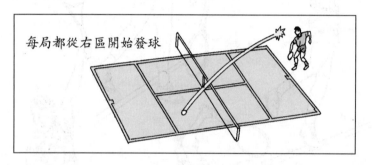

每局都從右區開始發球

（2）發出的球，在對方還擊前，應從網上越過，落到對角的發球區內或其周圍的線上。

發出的球在落地之前被接球員擊打，為接球員失誤。除了發球時以外，在對打時可以直接擊球。

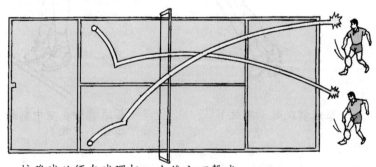

接發球必須在球彈起一次後方可擊球

8.發球失誤

發球時發生下列任何一種情況，均為失誤：

（1）發球員違反規則第七、第八和第九條的各項規定。

（2）未擊中球。

（3）發出的球，在落地前觸及固定物（球網、中心帶、網邊白帶除外）。

關於（1）的犯規，不會有不清楚的地方；關於（2）的犯規，是指將球拋起後揮拍未能擊中球。如果發球員向上拋球準備發球，又決定不擊球而用手將球接住，不算失誤；關於（3）的犯規，是指發出的球觸及支柱或其他固定物，即使球觸物後仍落在發球區內也是失誤。但是，當球觸及球網、中心帶、網邊白帶後落在發球區內時，判重發球。

下圖所示是幾種發球失誤的情況。

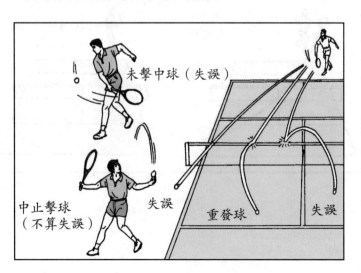

9. 第二次發球

發球員第一次發球失誤後，應在原發球位置進行第二次發球。

即發球可以有兩次機會，在第一次發球失誤後，在相同的一側進行第二次發球。

第一次發球失誤後，發現發球位置錯誤時，應按規則改在另區發球，但只能再發一次球。

當發球員在錯區進行第一次發球，失分後提出站位錯誤應判發球失誤時，不予接受。這時應判比分有效，下次發球應按比分站在正確的位置上進行。

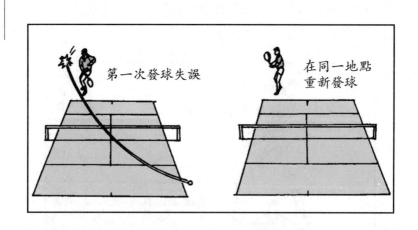

第一次發球失誤

在同一地點
重新發球

第一次發球位
置錯誤時，

第二次發球
在正確的位
置上進行

10. 發球時間

發球員須待接球員準備好後才能發球。

接球員做還擊姿勢就算已做準備。

第一次發球要在對手
做好準備後進行

第二次發球，要在對手處理
完球並做好準備後進行

如接球員表示尚未準備，即使所發的球沒有落到發球區內，接球員也不能要求判此球失誤。

發球員無論是在第一次發球、還是在第二次發球，都必須等待接球員做好準備。當接球員表示尚未做好準備時，發出的球即使進入場地，發球員也不能要求記分。

接球員一旦表示已做好準備，如沒有意外，就不能輕易地改變。要有良好的賽風。

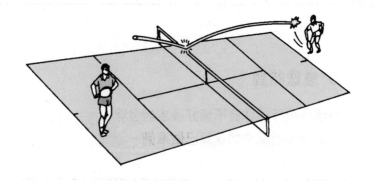

11. 重發球和重賽

凡根據規則必須重發球或比賽受到干擾時，裁判員應呼叫「重發球」。對此可作下列解釋：

（1）宣報發球無效時，僅該球不算，重發球。

（2）在其他情況下，該分重賽。

在下一條「發球無效」的規則僅限於指該次發球的重新進行，而在其他情況下均為該分重賽。在比賽中經常有這種情況出現：比賽時其它球進入場地；在對打中球突然壞了；發球時司線員報出失誤又迅速更正，而運動員卻由此失去擊

球機會等等。在這些情況下，要判該分重賽。即使是第二次發球，也要從第一次發球開始。

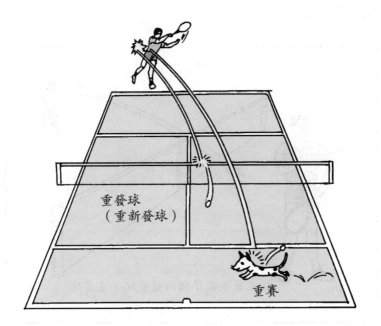

重發球
（重新發球）

重賽

12. 發球無效

下列任何一種情況，應判發球無效，並重發球：

（1）合法的發球觸及球網、中心帶、網邊白布後，仍落到對方發球區內；或發球觸及球網、中心帶、網邊白布後，在落地前觸及接球員身體或其穿戴物件。

球觸網後，
觸及接球員
身體，重發球

（2）不論發出的球成功還是失敗，接球員均未做準備。如重發球，則那次發球不予計算，但原先的第一次發球失誤不予取消。

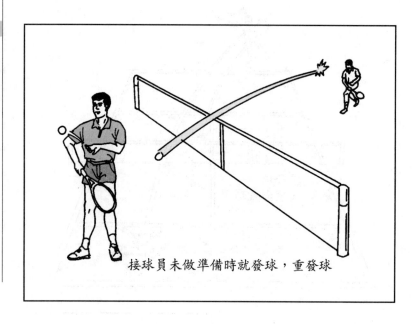

接球員未做準備時就發球，重發球

13. 發球次序

第一局比賽終了，接球員成為發球員，發球員成為接球員。以後每局終了，均依次互相交換直至比賽結束。

如發球次序發生錯誤時，發覺後應立即糾正，由應輪及發球的球員發球。

但是，發覺錯誤前雙方所得的分數都有效。如發覺前已有一次發球失誤，則不予計算。如一局終了才發覺次序錯誤，則以後的發球次序就以該局為準按規定輪換。

實際的發球交換次序應如何進行，可根據下圖中所示，
並參照規則進行理解。

發球與接發球的順序

第一盤

規
則
篇

第一局　　　　第二局　　　　第三局　　　　第四局

第五局　　　　第六局　　　　第七局　　　　第八局

14. 運動員何時交換場地

雙方應在每盤的第一、三、五等單數局結束後，以及每盤結束雙方局數之和為單數時，交換場地。

如一盤結束，雙方局數之和為雙數，則不交換場地，須在下一盤第一局結束後再進行交換。如發生差錯未按正常順序交換場地，一經發現，應立即糾正場區，接原來順序進行比賽。

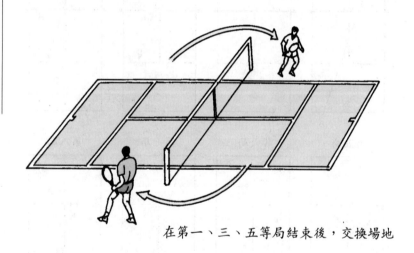

在第一、三、五等局結束後，交換場地

15.「活球」期

自球發出時（除失誤或重發外）至該分勝負判定時止，為「活球期」。

無論是對打出的好球，還是對出界球，僅靠此還不能認為勝負已定。也就是說，在認為是可能的出界球實際落在地面或擋網前，均為「活球」期。同樣，當有效的球正確地落在場內，在第二次彈起之前，也是「活球」期。

對於明顯的出界球，只要沒有為節約追球時間而特定的規則，無論運動員是在場內還是在場外，接住在空中的仍處於「活球」期的球時，均判該運動員失分。

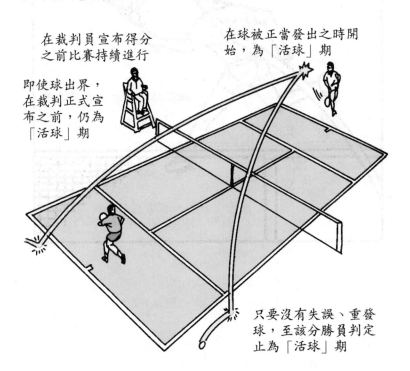

在裁判員宣布得分之前比賽持續進行

在球被正當發出之時開始，為「活球」期

即使球出界，在裁判正式宣布之前，仍為「活球」期

只要沒有失誤、重發球，至該分勝負判定止為「活球」期

16. 發球員得分

下列任何一種情況，判發球員得分：

（1）發出的球（發球無效除外），在著地前觸及接球員或他穿戴的任何物件時。

（2）接球員違反規則的規定而失分時。

球直接觸及接球員的身體

17. 接球員得分

下列任何一種情況，判接球員得分：

（1）發球員連續兩次發球失誤時。

（2）發球員違反規則的規定而失分時。

第一次發球失誤　第二次發球失誤

18. 失 分

發生下列任何一種情況，均判失分：

（1）在球第二次著地前未能還擊過網。

但是，根據規則規定，球未直接過網，而是觸球網、網柱、單打支柱、繩或鋼絲繩、中心帶或網邊白布後，從網上越過落入對方場區內；或者是球從網柱或單打支柱以外還擊至對方場區等時，仍為有效。

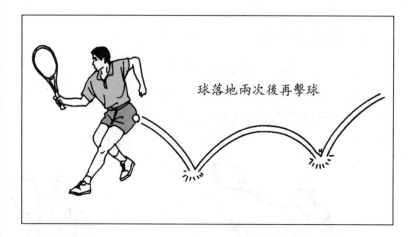

球落地兩次後再擊球

（2）還擊的球觸及對方場區界線以外的地面、固定物
或其他物件。

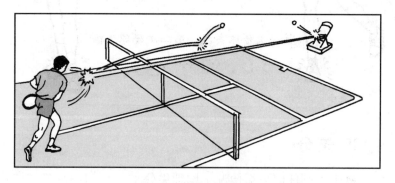

回球觸及對方場區界線之外的地面、固定物等

導引養生功 系列叢書

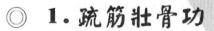

陸續出版敬請期待

張廣德養生著作

國家圖書館出版品預行編目資料

網球技巧圖解／宋　強　編著
——初版，——臺北市，大展，2005〔民 94〕
面；21 公分，——（運動精進叢書；6）
ISBN 957-468-371-0（平裝）

1.網球

528.953　　　　　　　　　　　　94002041

網球技巧圖解

ISBN 957-468-371-0

編 著 者／宋　　強
責任編輯／佟　　暉
發 行 人／蔡 森 明
出 版 者／大展出版社有限公司
社　　址／台北市北投區（石牌）致遠一路 2 段 12 巷 1 號
電　　話／（02）28236031・28236033・28233123
傳　　眞／（02）28272069
郵政劃撥／01669551
網　　址／www.dah-jaan.com.tw
E – mail／serviec@dah-jaan.com.tw
登 記 證／局版臺業字第 2171 號
承 印 者／翔盛彩色印刷公司
裝　　訂／建鑫印刷裝訂有限公司
排 版 者／弘益電腦排版有限公司
初版 1 刷／2005 年（民 94 年）4 月

定　價／220 元

● 本書若有破損、缺頁敬請寄回本社更換●